JN435556

복지경영 입문

이준우 지음

도서출판
피린마음

머리말

목사와 사회복지사로서 장애인목회와 장애인복지실천을 꽤 오랫동안 감당했었다. 현장에서 일하기가 너무 힘들어 소진되었을 때에 붙잡은 것이 공부였다. 사회복지학 석사와 박사과정을 밟아가면서 현장 중심의 한국적 사회복지실천에 대한 관심을 크게 가졌었다. 시간이 흘러 박사가 되고 교수가 되었으며, 학생들을 가르치고 연구하는 일에 몰입하면서 학교의 이런저런 보직도 맡으면서 어느덧 중견교수가 되었다. 그러다가 내가 몸담고 있는 대학에서 2008년에 경기도 화성시로부터 규모가 무척 큰 노인복지관을 수탁 받게 되었다. 초창기에는 복지관 운영에서 학교와 복지관의 연계가 매우 중요하므로 힘들더라도 교수가 관장을 맡아야 하지 않겠냐는 기조가 강하게 있었으며, 결국 실무를 다년간 했다는 이유로 학교로부터 교수 사역과 함께 시설장인 관장 업무를 겸직하라는 발령을 받았다.

툴툴대기도 하고 힘겨워하면서도 무려 5년 가까이 노인복지관을 운영하는 소중한 경험을 할 수 있었다. 초대 기관장을 하면서 시행착오도 많았지만 노인복지관과 부설 시니어클럽, 실버인력뱅크, 노인자살예방센터를 동시에 운영하면서 말 그대로 산전수전을 다 겪었다. 교수로 있을 때에는 지방자치단체장인 시장이 가장 높은 사람이라고 여겼었는데 막상 사회복지시설장으로 일을 해보니 주무 부서장인 과장과 계장이 더더욱 중요하다는 사실을 알 수 있었다. 민과 관이 어떻게 협력해서 지역사회복지를 이뤄나가는지를 온 몸으로 느끼게 되었다. 또한 서비스이용자만이 아니라 함께 일하는 직원들과의 소통과 그들의 역량을 강화시키는 일도 소중하다는 것을 가슴으로 알게 되었다.

그간 학교에서 다루어왔던 사회복지의 지식과 기법들 못지않게 현장에서 생존하기 위해 체득해갈 수밖에 없었던 생생한 경험들도 나에게는 큰 도전이 되었고 배움으로 다가왔다. 그 무엇보다도 가장 큰 충격으로 나를 일깨워 준 것은 사회복지 이론이나 담론, 강의실과 연구실에서 논의되는 다양한 실천방법과 기술 등이 전부가 아니며, 시설을 효과적이고 효율적으로 운영해 나가는 데에 절대적인 영향을 미치는 '시설경영' 에 대한 '통찰' 과 '노하우' 가 반드시 필요하다는 것이었다.

실제로 나는 50여 명의 복지관 및 부설기관들에 속한 직원들을 이끌어 가면서 더불어 각 부설기관과 부서들을 책임지는 팀장들을 아우르는 일은 단지 시설장의 생각과 의욕만으로는 절대 해결될 수 없다는 사실을 뼈저리게 깨달았다. 솔직히 서비스이용자들을 만나서 서비스개입 실천을 하는 것만이 전부가 아니라 정부 보조금을 받으면서 지역사회의 여러 자원들을 발굴하여 활용해 나가는 일들을 동시에 감당해나가고, 그러면서도 직원들의 사기를 진작시키며 그들의 역량을 최대화해야 하는 시설장으로서의 역할과 책무는 여간 힘든 일이 아니었다.

그때 비로소 사회복지 조직의 운영에서 효율성을 중시하는 경영원리의 도입을 통하여 효과적인 사회복지서비스의 전달을 추구하는 복지경영(이봉주, 2009)이 노인복지관을 운영하는 데에도 절대적으로 필요하다는 확신을 가지게 되었다. 2008년부터 2012년까지 노인복지관을 관장으로서 운영했던 시설경영의 경험이야말로 '복지경영' 에 대한 개인적 관심과 고민을 극대화시키는 데에 결정적인 역할을 하였다고 할 수 있다.

더욱이 3기와 4기 사회복지시설 평가를 수행했던 평가위원이었다가 5기(2012년)에는 반대로 시설평가를 받아야 했던 관장의 입장을 경험하면서, 평가하는 자와 평가받는 자의 확연한 괴리감은 '복지경영' 이 시설장들과 현장 실무자들에게 반드시 익혀져야 하는 이론이자 기법임을 확신케 하는 또 하나의 계기가 되었다. 실제로 당시 나는 노인복지관 평가를 앞두고 시설 운영에 대한 스트레스를 엄청나게 받았었다. 5개월 동안 모든 직원들과 시설 평가 준비를 죽어라고 하면서 '왜 이렇게 해야 하는지' 에 대한 자괴감을 크게 가졌었다. 그러면서 평가는 반드시 없어져야 한다고 '확고하게 바라고 소망(?)' 했었다. 물론 다시 교수로 돌아간 지금은 여전히 평가는 필요하다고 입장을 선회(?)하기는 했지만 말이다.

하지만 내가 다시 시설 평가위원으로 봉사할 수 있다면 전과는 다르게 할 것이다. 평가하기 위해 평가하는 것이 아니라 진정으로 시설이 얼마나 효율적이면서도 사회복지적인 가치를 훼손하지 않고, 서비스이용자들에게 효과적으로 실천개입을 할 수 있는지에 대한 지원과 슈퍼비전, 자문 등을 열심히 하는 방향에서 평가 업무를 수행할 것이다. 결국 사회복지시설 평가를 통해서 사회복지시설의 운영이 잘 되어야 하기 때문이다.

'제자이면서 사무국장으로 함께 일했던' 적어도 나보다는 실무에 있어서 훨씬 뛰어난 능력을 가졌다고 판단했던 후임 관장에게 노인복지관을 기쁜 마음으로 맡긴 후, 다시 교수 본연의 자리로 돌아올 수 있었다. 감사했으며, 큰 과오 없이 잘 마무리할 수 있었다는 자체만으로도 한숨 돌릴 수 있었다. 지나고 나서 돌이켜보니, 사회복지사를 양성하는 교수로서 사회복지 시설장을 했던 경험은 말할 수 없이 영광스러운 일임과 동시에 다시 한 번 현장 중심의 서비스이용자 욕구에 기초한 사회복지실천 개입과 시설 운영의 중요성을 깨닫는 소중한 계기였다는 생각이 든다.

그 이후 나는 사회복지시설을 운영하는 일은 말할 것도 없고, 국가적 차원의 사회복지서비스 전달체계가 실질적으로 기능하는 일에 대해서 꾸준히 주목해 왔다. 그래서 지역사회의 여러 사회복지협의체 및 사회복지시설들과 협력하여 정부 및 지자체와 민간이 연계하는 다양한 사회복지 활동들을 적극적으로 하였다. 그러면서 '경영' 적인 관점에서 그 모든 일들을 바라보려고 애썼다. 2014년 여름방학 때부터는 틈틈이 느끼고 깨달은 바를 정리하여 조금씩 기록해 두기 시작했다. 투박한 글들이 차곡차곡 쌓여갈 때 즈음에 관련 문헌들을 찾아 읽으면서 쓴 글들을 다시 정리해 나갔다. 그러다가 올해(2015년) 2월에 박사과정 제자들과 함께 미국 캘리포니아 주에 있는 University of California Berkeley(UC Berkeley), University of California Los Angeles(UCLA), University of Southern California(USC) 등과 같은 명문 대학의 경영대학원과 사회복지대학원을 탐방하면서 본격적으로 '복지경영' 의 가능성을 살펴보았다.

이 책은 그동안 조금씩 연구하고 탐색해 왔던 '복지경영' 에 대한 내 생각들의 일부를 엮은 것이다. 즉, 복지경영이 무엇이며 복지경영을 어떻게 해야 하는지에 대한 지금까지의 내 입장과 주장을 최대한 쉽게 쓴 것들을 묶어 본 것이다. 그렇다고 해서 이 책은 처음부터 '복지경영' 에 대한 학술적 · 체험적 접근을 주도면밀하게 하면서 작성한 '복지경영 개론서' 는 아니다. 아직 '복지경영 개론' 내지 '복지경영 원론' 같은 책을 내기에는 복지경영에 대한 지식과 경험이 턱없이 부족하기 때문에 그동안 현재까지 연구되어온 내용들을 그때그때마다 정리해 놓은 생각의 편린들을 퍼즐 맞추듯이 대략적으로 목차로 정해 구슬을 꿰듯 묶어놓은 것에 불과하다. 그렇다보니 '각주'를 세심하게 달만큼 구체적인 이론에 근거한 내용으로 발전시키지는 못했다. 하지만 그래도 제법 많은 책들과 논문들, 자료들을 읽었으며, 그것들을 통해 영감과 통찰을 얻었다. 관련된 자료들은 참고문헌으로 당연히 밝혀 놓았다. 따라서 책의 제목을 '복지경영 입문' 정도로 해보았다.

그렇다면 복지경영이란 무엇인가? 사실 아직도 '진행 중(ing)'이고, 고해성사를 하듯 말하면 이 책에서 끊임없이 찾아가는 주제이기도 하다. 그래도 지금, 현재 내가 생각하는 '복지경영'을 미리 밝혀두면서 이 책을 시작하고자 한다. 그게 내 한계일 수도 있고, 그 한계를 독자들에게 미리 다 보여주는 것 같아 민망하기도 하지만 말이다.

복지경영이란 국민의 행복과 삶의 질 향상을 위한 사회복지 조직의 총체적이며 전문적인 관리 운영을 말한다. 이러한 복지경영 속에는 사회복지 조직 경영의 가치, 이념, 모델, 전략, 조직, 방법, 기술 등이 포함되어 있다.

여기에서 중요한 점은 '복지경영'은 철저하게 사회복지적인 가치와 철학에 기초한다는 것이다. 그러면서도 동시에 사회복지실천의 고객이라 할 수 있는 '서비스이용자'로부터 형성되어 나오는 '고객 가치(흔히 고객이 선호하는 성향으로 봄)'도 중요시해야 한다. 일반적으로 경영이라고 하면 기업의 이윤 추구를 목적으로 기업이라는 조직의 능률을 최대화하는 활동이라고 할 수 있다. 하지만 '복지경영'에서 절대로 놓치지 말아야 하고, 결코 놓쳐서는 안 될 것은 '빈곤' 의 문제, '사회적 약자' 에 대한 집중이다. 사회복지의 본질은 빈곤 해결과 사회적 약자들을 지원하는 사회적이며, 체계적이고 전문적인 개입실천을 제도로 실행하는 데에 있다. 복지경영은 이와 같은 사회복지실천이 효율적으로 운영되도록 하는 것이다.

그러므로 '복지경영' 은 사회복지의 가치 실현을 통해 본질을 회복하는 활동이며, 그 본질에 기초한 운영임과 동시에, 그 본질이 반영될 뿐만 아니라 그 본질이 지역사회에서 현실화되도록 하는 구체적인 활동이라고 할 수 있다. 이를 수학적 등식으로 표현한다면 다음과 같을 것이다.

> 복지경영 = 사회복지실천의 본질 회복 활동 + 본질 중심의 관리운영
> + 본질의 반영과 현실화
>
> 복지경영 = 사회복지실천의 본질 지향 경영
>
> 사회복지실천의 복지경영 = 사회복지 조직과 그 조직 구성원들이 잠재력을 발휘하고 비전을 실현해 나가는 과정과 활동

복지경영의 과정은 일반적인 경영의 과정과 유사하다. 즉, '계획-활동(실행)-평가(검토)-개선(피드백)' 으로 이루어지는 일련의 순환과정이다. '계획(Plan)' 은 조직의 목표를 세우고 달성하기 위한 방향을 수립하는 과정이며, '활동(Do)' 은 수립된 계획을 성공적으로 달성하기 위한 구체적인 실행과정이다. '평가(Evaluation)' 는 활동의 실행 결과를 검토하는 과정이며, '개선(Feedback)' 은 평가 결과에 대하여 격려하고, 향후 이어지는 사업에 대한 제안과정이다. 개선을 바탕으로 다시 계획이 이루어지며, 일련의 순환과정은 계속된다.

한편, 복지경영의 범위는 거시적으로는 정부와 지자체의 사회복지전달체계의 효과적 · 효율적 관리운영에까지 이르며, 미시적으로는 사회복지시설과 사회복지실천을 수행하는 비영리 조직의 관리운영 전반으로 볼 수 있다. 이와 같은 복지경영의 개념을 보다 더 명확하게 정의하기 위해서는 전체 경영의 영역 속에서 복지경영이 어떤 위치에 있는지를 살펴보는 것이 중요하다. 우선 아래의 그림을 보자. 이 그림은 내가 생각하고 있는 복지경영에 대한 현재까지의 인식을 표현한 것이기도 하다.

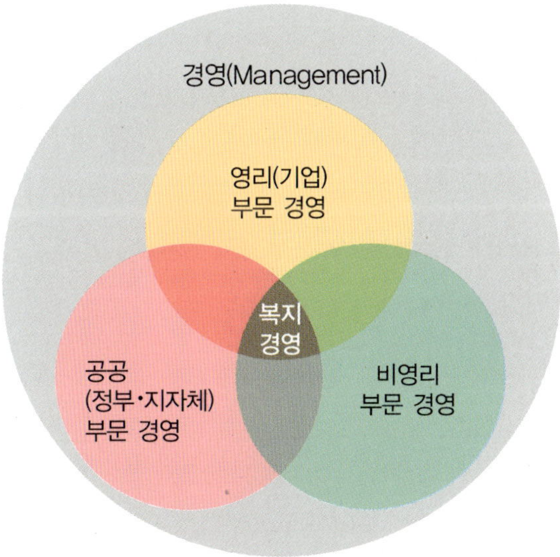

복지경영의 범위와 위치

복지경영은 정부 및 지방자치단체가 경영하는 영역으로 쉽게 설명할 수 있는 공공 부문 경영과 기업으로 대표되는 영리 부문 경영, 그리고 비영리 부문 경영의 요소를 모두 다 담고 있다. 보다 구체적으로 설명하면 사회복지 조직은 정부 보조금과 정부에서 지원해주는 재원으로 운영되며 일부의 경우에는 비영리 부문에서의 후원과 기부를 통해서 이루어진다. 또한 최근 기업경영에서 일정 부분의 수익을 사회복지 분야에 투자함으로써 기업의 사회적 책임을 감당하려는 바람직한 모습이 나타나고 있다. 이런 차원에서 영리 부문 경영에서도 복지경영적인 요소가 포함될 수 있으며, 역으로 사회복지 영역에서 실버산업이라든지 복지산업이라는 명칭으로 사회복지실천이 산업화되는 경향도 늘어나고 있다. 이를테면 요양서비스를 상품화한다든지 노인복지용품을 개발하여 판매함으로써 일정 부문 수익구조를 갖춘 후 사회복지 조직에 재투자하거나 그에 참여하는 서비스이용자나 근로자들의 수입으로 활용되기도 한다.

또한 사회적 기업이나 사회적 협동조합의 경우에는 사회복지 조직의 성격을 가지고 있으면서도 영리적인 체제인 기업경영의 특성을 동시에 갖고 있다. 결국 복지경영은 공공 부문 경영에서도 이루어질 수 있으며 영리 부문인 기업경영에서도 활용될 뿐만 아니라 비영리 부문 경영에서도 핵심적인 영역으로 자리매김하고 있다.

이제 이 책이 나오기까지 많은 도움을 주신 분들에게 감사를 표현하고자 한다. 가장 먼저는 화성시남부노인복지관에서 동거동락했던 현장 사회복지 실무자들과 서비스이용자들이셨던 어르신들께 고마운 마음이다.

다음으로 교정과 교열, 출판사와의 소통 등 늘 변함없이 스승의 책을 만드는 데 크게 도움을 주는 강남대학교 사회복지전문대학원 박사과정에 재학 중인 박종미 선생, 미국에서 홍보 마케팅을 전공한 후 기업에서 일하다가 현재는 박사과정을 밟으며 사회복지 마케팅을 깊이 연구하고 있는 지에릭승훈 선생, 현장에서 사회복지사로 활동하다 더 공부하기 위해 미국 유학을 앞두고 입학허가까지 받아서 비자 발급과 출국 준비 등으로 바쁜 와중에도 귀한 시간을 내어 자료수집에 큰 도움을 준 유지현 선생, 언제나 연구실에서 큰 활력과 밝은 기운을 전해주는 이진영 조교에게 감사하다고 말하고 싶다.

무엇보다도 책을 출판하고자 하면 언제나 정성껏 책을 출간해주시는 도서출판 파란마음 황호철 사장님과 편집부 직원들께도 진심으로 고마움을 전해드린다. 끝으로 든든한 지원군으로 사랑하는 가족들을 허락해 주시고, 교수로서의 활동과 목사로서의 목회를 병행할 수 있도록 인도해 주시는 살아계신 하나님께 영광과 감사를 올려드린다.

강남대학교 연구실에서

차례

프롤로그:
왜, ‘복지경영’인가?

서비스이용자에게 마음의 문을 열어라.

마음을 함께 해야 마음이 전해진다.

오늘날 한국의 사회복지 현장은 급변하고 있다. 공공 영역이 확대됨에 따라 사회복지 공무원들의 역할과 비중이 커지고 있고, 복지수요 또한 크게 늘어나고 있다. 그로 인해 국가의 재정지출 부담이 크게 증가[1]하였다. 문제는 복지비용 지출이 늘어나는 만큼 고용과 국가적 생산능력도 높아지는 선순환적인 경제 흐름이 일어나지 못하고, 밑 빠진 독에 물붓기식의 소모적인 형태로 고착되어가고 있는 데에 있다. 즉, 복지비용의 증가가 고스란히 국민의 삶에 체감되는 만족감이 커지게끔 하고, 그에 따라 일터와 지역사회, 가정 등에서 보다 생산성 있는 활동들이 늘어나서 결과적으로 사회 전체에 활력을 불어넣어야 하는데 그렇지 못하다는 것이다.

따라서 최근 사회복지 수요의 질적인 변화마저도 심각한 사회적 위기로 대두되었다. 이를테면 서비스 경제 비중의 확대와 노동시장의 유연화, 가족구조의 변동, '저출산 고령화' 에 의한 인구 구조의 변동, 인종 및 문화의 다양화 등 사회 · 경제 구조의 변화로 인한 새로운 사회문제들이 속출하고 있으며, 이에 대한 대응이 실질적인 사회복지 수요로 나타나고 있는데, 가령 '저출산 고령화' 로 인해 '고령 노동자' 의존이 심화되면서 노동시장에 커다란 변화가 일어나고 있는 것이다. 조만간 임금 피크제가 크게 확산될 전망이며, 이는 '고령 노동자' 증가로 인한 문제는 더욱 심각해질 것이 틀림없다. 또한 산업구조가 지식기반산업

1) 1997년 외환위기 이후 사회적 안전망을 확보해야 한다는 국민적 공감대가 형성되었고, 2010년 지방선거를 기점으로 보편적 복지에 대한 사회적 논의가 확대되면서 복지제도가 크게 확충되었다. 급속한 고령화 추세로 연금이나 건강보험 등 노인 관련 재정지출이 크게 늘어날 것으로 전망되며 사회적 양극화와 청년실업과 근로빈곤 등 다양한 복지수요가 유발되는 중이다. 반면 지속적인 경기침체로 세수는 감소하고 있어 중앙과 지방정부의 재정적 어려움은 만성적으로 가중되고 있다.

중심으로 재편되어감에 따라 저숙련 노동자의 일자리 부족과 양극화 현상의 심화, 청년실업과 장기실업이 만성화되고 있는 실정이다.

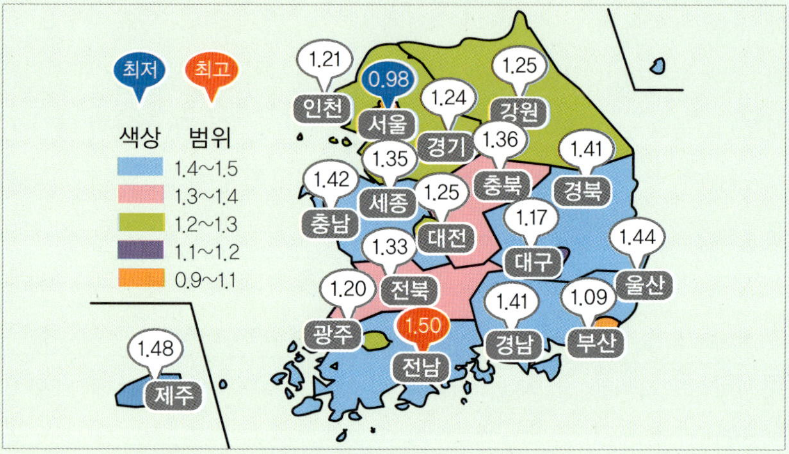

2014년 대한민국 지역별 합계출산율

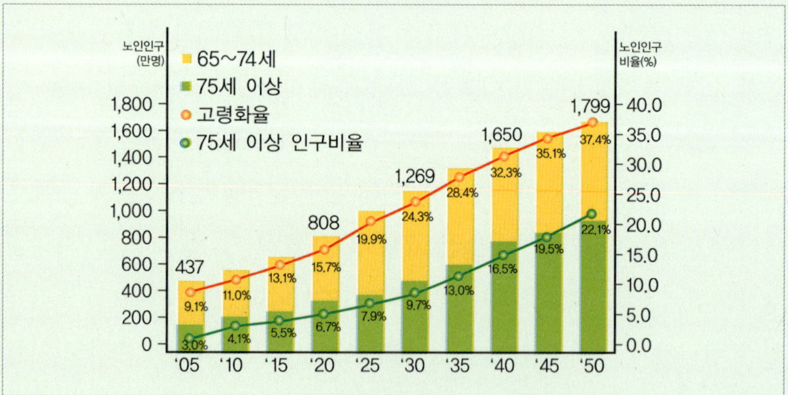

고령화 추이

| 출처 | 저출산고령사회위원회 홈페이지(http://precap.go.kr).

이러한 사회적 경향은 전통적인 사회구조에서 당연한 것으로 받아들였던 완전고용과 높은 출산율, 고성장에 기초한 남성 생계부양자 중심의 사회복지정책을 전면 재조정해야 할 필요성을 제기한다. 즉, 기존의 전통적인 사회복지정책은 남성 생계부양자에 대한 '교육과 투자'가 선행되고, 그 이후 그들의 '고용'과 그에 따른 생산성 창출, 다음으로 '은퇴'라고 하는 생애주기에 따른 가족지원과 교육 · 훈련, 그들에 대한 사회보험 그리고 은퇴기의 노령연금으로 이어지는 일련의 연속적인 복지시스템에 기반한 것이었다. 하지만 이 모든 것이 이제는 무용지물이 된 상황이 눈앞의 현실로 펼쳐지게 되었다.

한편, 사회적 기업, 사회적 일자리 등과 같은 사회적 경제 조직의 활성화로 일정 수준의 수익을 창출해내는 자활과 자립을 지향하는 '탈 전통적인 사회복지실천' 영역이 크게 확대되고 있다. 문제는 대부분의 사회적 경제 조직들이 국가의 지원이 끊어지면 지속적으로 운영되기 어려운 실정이라는 데에 있다. 구체적으로 말하자면 자생적인 경영 능력을 갖춘 사회적 경제 조직들이 많지 않다는 것이다.

또 다른 한편 그동안 우리나라 사회복지실천의 근간을 이뤄왔던 전통적인 지역사회복지관 중심의 사회복지실천도 큰 도전에 직면해 있다. 과거 저소득층에 대한 위기개입실천의 대명사였던 지역사회복지관이 이제는 경기도의 '무한돌봄센터'나 중앙정부의 '희망복지지원단' 사업 등에 의한 공공 사례관리 실천이 자리 잡아감에 따라 이용시설 형태의 지역사회복지관의 역할과 기능에 대한 회의적 시각이 확산되고 있다.

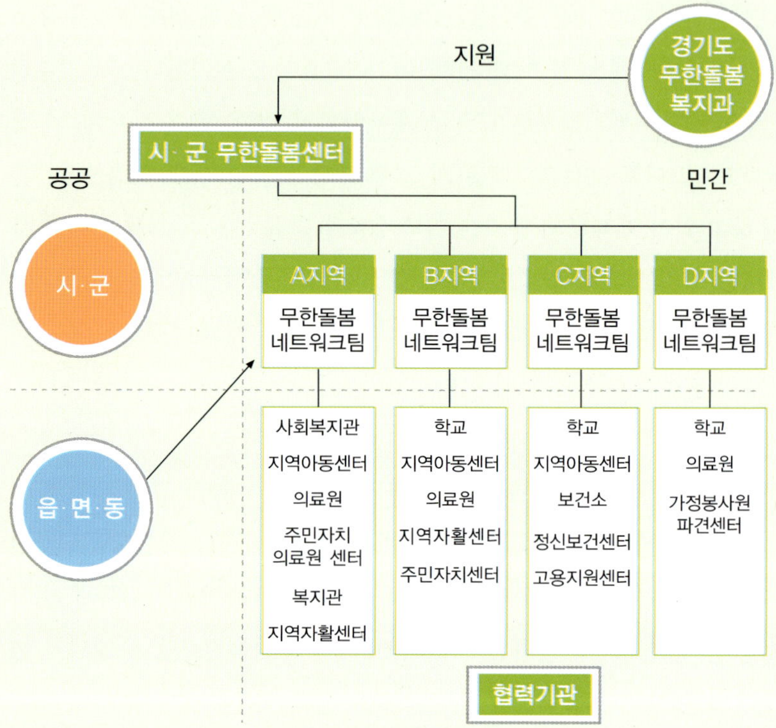

경기도 무한돌봄센터 체계도

| 출처 | 경기도 무한돌봄센터 홈페이지(http://muhan.gg.go.kr).

향후 '동주민센터' 혹은 '주민자치센터' 로 대표되는 공공 서비스 전달체계에까지 사례관리가 정착되면 기초생활수급자를 포함한 지역사회 내의 저소득 사회적 취약계층에 대한 접근이 보다 견고하게 사회보장서비스로 전환되며, 아울러 지역사회에서 발생하는 각종 위기개입 상황에도 공공 서비스 전달체계가 거의 대부분 소화해갈 것이다. 그로 인해 기존의 빈곤계층에 대한 민간 사회복지실천의 비중은 크게 감소

할 수밖에 없을 것이다.

특히 정부 보조금을 지원하여 민간에 위탁 · 운영해 오던 많은 사회복지시설들이 정부나 지자체 직영으로 바뀌거나 민간 사회복지법인의 자부담 비중이 크게 높아져서 기존의 시설들이 현존한다고 해도 이후에 신설될 시설들은 현재의 형태로 지속되는 경우는 현저하게 줄어들 것으로 예상된다. 그러므로 사회복지기관의 가장 중요한 과제는 과거처럼 정부로부터 보조금을 받아서 법인을 운영한다는 사고방식에서 벗어나 적극적으로 필요한 자원을 조달하며 사회복지 조직을 효율적이고 효과적으로 경영해야 할 책무를 인식하는 일(이동규, 2006)이 요구된다.

또한 '지역사회복지관'과 '노인복지관'을 중심으로 한 여가문화적인 사회복지서비스와 프로그램, 거의 모든 '복지관'에서 이루어지고 있는 평생교육적인 관점에서 시행되는 사회교육 서비스들도 '저출산 고령화'에 따른 대학 입학 연령층의 감소로 인해 각 지역에 있는 대학교 부설 평생교육원의 다양한 프로그램들과 지자체에서 운영하는 주민자치센터나 평생학습관의 평생교육 프로그램, 그 밖에 문화센터 등에서 운영하는 프로그램들과 치열한 경쟁을 벌이게 되었다. 그 결과 '복지관'이라는 명칭으로 수행되어 왔던 다양한 사회복지서비스와 프로그램들의 영역이 급격히 축소되고 있다.

더욱이 그동안 탁월한 전문성으로 인정받아 왔던 '장애인복지관'의 경우에도 재활치료 서비스의 상당 부분이 특수학교 부설 치료센터나 발달장애인지원센터, 특수교육지원센터의 서비스와 중복되고 있어 그

위상이 점점 더 흔들릴 것으로 예상된다. 그리고 장애인복지관의 직업재활서비스 또한 다양한 형태의 '보호작업장' 과 '장애인사업장' 등의 확대 및 사회적 기업의 적극적인 참여로 인해 새로운 돌파구가 요구되고 있는 상황이다. 뿐만 아니라 '탈 시설화' 의 확산으로 인해 기존 장애인거주시설이 점차 '소규모화' 되어감에 따라 전통적인 장애인거주시설의 운영 방식에 대한 개선요구도 커져가고 있다.

심지어 노인장기요양보험제도의 시행과 안착으로 인해 기존 사회복지실천의 공공적인 가치가 사적 영역의 대폭적인 확장으로 사회복지실천 현장에 자본주의적인 시장경제 질서가 보편화되어 가고 있다. 이를테면 민간 재가요양센터의 확산과 장애인 및 노인을 대상으로 하는 주간보호시설의 확장, 지역아동센터의 증가는 장애인뿐만 아니라 모든 사회복지서비스 대상 영역으로까지 사회복지서비스의 전면적 혁신을 요구하게 되었다.

이런 상황에서 사회복지 조직 및 시설의 효과적 · 효율적 운영이 절실히 필요하게 되었고, 사회복지서비스의 창의적인 마케팅 활동도 크게 요구되고 있는 실정이다. 뿐만 아니라 확장일로에 있는 공공 부문의 사회복지 전달체계 및 사회복지 서비스의 효율적인 운영을 위한 경영학적인 접근이 절대적으로 필요하게 되었다.

Part I

복지경영 가치

노인복지관에서 근무하는 노인복지실천 전문가는 어르신들이 비전을 세워서 미래를 향해 나아가도록 도와야 할 책무를 가진다. 노인복지관의 직원들이 추구해야 할 노인복지실천의 목표는 깨어진 것을 고치는 데 있지 않고, 어르신들이 이미 갖고 계신 오래된 재능을 사용하여 더 큰 효과를 낼 수 있는 새로운 재능과 새로운 방법을 발견하는 데에 있다.

| 출처 | 화성시남부노인복지관 관보 『만사대전보』 5호, '공급자 중심에서 권리에 기초한 서비스 이용자 중심으로' 중에서.

사회복지 조직을 경영하는 리더의 사명 중에서 제일 중요한 것은 가치를 창출하는 일이다. 함께 일하는 사회복지사들이 인간의 존엄성과 권리, 사회정의 등과 같은 사회복지 가치들을 사회복지실천을 통해 실현할 수 있도록 여건을 조성하고 사회복지 조직의 비전과 사명을 수립하는 일에 리더는 최선을 다해야 한다. 동시에 서비스이용자가 필요로 하고 선호하는 복지서비스를 개발하여 제공하기 위해 서비스이용자의 '고객 가치'를 파악하는 일에도 소홀함이 없어야 한다.

주목해야 할 것은 복지경영의 가치란 사회복지에서 추구하는 빈곤의 해결과 사회적 약자의 자립을 향해 그 어떤 사람일지라도 자신의 권리는 보장되어야 하며, 어느 누구나 공평하게 사회적 서비스를 제공받아야 한다는 '본질적 가치'와 서비스이용자가 원하고 필요로 하는 선호에 의해 결정되는 '고객 가치'가 모두 충족되도록 설정되어야 한다는 점이다.

Chapter 1

가치:
비전과 사명 수립

사회복지실천은 '만 · 사 · 대 · 전 · 복' 이다.

서비스이용자를 만나고, 사귀고, 대화해서,

전문적인 복지서비스를 제공하는 것이다.

필자는 영화를 좋아한다. 좋아해도 미치도록 좋아한다. 초등학교 시절, 학교에 가지 않아도 되는 공휴일이면 으레 친구들과 극장에 가서 하루 종일 영화를 보며 놀았던 기억이 생생하다. 학창시절이었던 1960년대에서 1980년대까지의 우리나라 극장은 대체로 대형 단일관의 모습을 띠고 있었다. 스크린은 하나였고, 경쟁력의 포인트는 대규모 좌석 수에 있었다. 영화는 많은 사람들의 심금을 울리고 웃기는 당시로서는 가장 대표적인 여가 활동의 도구였다.

텔레비전이 등장하고, 비디오가 보편화되면서 극장 산업은 거의 망할 것으로 전망되기도 했다. 하지만 극장은 1990년대부터 복합관 체제로 변화해가면서 멀티스크린에 중규모 좌석 수를 기본으로 변모하였다. 망할 줄 알았던 극장들이 오히려 최근에 와서는 멀티플렉스의 형태로 다수의 스크린, 단순한 구내매점의 수준을 뛰어넘는 부대시설, 양질의 서비스를 무기로 소비자들에게 고급화 · 복합화된 문화공간으로서의 역할을 수행하면서 그 경쟁력을 확고하게 구축해 나가고 있다. 지금 이 순간에도 극장은 진화해가고 있다. 점점 더 극장은 최고의 안락함과 즐거움을 제공하는 시설로 변모해 갈 것이다.

서울아카데미극장 전경(1969년)

"그때 그 시절을 아십니까?"
손으로 직접 그린 커다란 영화 포스터가 영화관 전면을 차지했던 그 시절, 이제는 포스터를 그리던 직업도 추억 속으로 사라졌다.

CGV 템퍼 시네마 좌석(2015년)

"침대에 누워 편안하게 영화를 즐기다?"
이제는 영화관이 진화를 거듭해 호텔 수준의 안락함과 편리함을 제공하는 고급 영화관이 등장했다.

무엇이 극장을 변화시켰을까? 문을 닫을 수도 있을 것이라는 예상을 빗나가게 한 원인은 무엇이었을까?

이렇게 극장이 망하지 않고 새로운 모습으로 발전할 수 있었던 것은 분명 누군지는 정확히 알 수 없으나 비전을 가진 소수의 사람들이 다른 사람들이 보지 못한 미래를 상상하기 시작한 데서 기인했을 것이다. 비전이 없었다면, 극장은 과거의 구태의연한 '하나의 스크린-대규모 좌석' 방식으로 운영되었을 것이고, 그 결과는 부도난 사업처럼 현실에 내쫓긴 채 박물관이나 역사관에 전시되는 유물이나 역사적 발자취로 후대에게 전해지는 것으로 전락했을 것이다.

사회복지 조직[1)]도 마찬가지다. 변화되어가는 상황 속에서 본질을 버

1) 이 책에서 사회복지 조직이라 함은 공공 사회복지서비스전달체계를 운용하는 정부 및 지자체의 담당 조직 내지 책임 부서와 사회복지시설, 사회복지 NGO 등을 포괄하는 개념으로 사용하였음을 밝힌다.

리지 않으면서도 변화에 발맞추어 혁신하지 않으면 사회복지 조직도 역사의 뒤안길로 사라질지도 모른다. 그 대신 사회복지가 감당하는 역할을 다른 그 누군가가 떠맡게 될 것이다. 그러므로 사회복지 조직이 사회복지적인 가치에 충실한 본질 지향의 실천개입을 지속적으로 해나가면서 동시에 주어진 재정과 예산 속에서 최대한의 효율성을 담보로 효과적인 성과를 산출하도록 하기 위해서는 가치 있고 매력적이면서 성취 가능한 미래의 비전을 공유하는 것만큼 확실한 방도는 그 어디에도 없다고 본다.

비전이 없는 사회복지 조직과 사회복지 전문가(이하 사회복지사로 통일)[2)]들은 지금까지 기여해 왔던 전통적인 성과와 방식에 얽매여 현재와 미래의 변화에 대응하기를 게을리하거나 혹은 허둥대다가 필연적으로 미래를 향해 표류하고 실족하게 될 것이 분명하다.

비전은 사회복지사들을 이끌어 갈 뿐만 아니라 그 힘을 바탕으로 서비스이용자들까지 이끌어 간다. 솔직히 우리나라의 사회복지 현장은 비전과는 거리가 있었다. 항상 서비스이용자의 문제들만 크게 부각되어왔다. 일선 사회복지사나 사회복지 공무원들은 언제나 문제로 가득 찬 서비스이용자들과 그들의 환경 속에서 오로지 문제해결을 위해 문제들과 사투를 벌여왔다고 할 수 있다. 단지 지금 눈앞에 보이는 문제들을 감소시키는 데에 온통 집중할 수밖에 없었다. 지역사회라는 환경과 사회복지서비스전달체계라는 구조 그리고 서비스이용자의 문제들만 뚫어지게 보았다.

2) 이 책에서는 일반 '사회복지사' 뿐만 아니라 사회복지 공무원, 사회복지 NGO 전문가, 사회적 경제 조직 종사자, 장애인 및 노인 대상 직업재활사, 심리치료사, 상담사 등 사회복지 관련 분야에서 사회복지 업무를 수행하는 모든 전문가를 통칭하여 '사회복지사'로 명명하였다.

안타깝게도 그들의 문제를 뛰어넘을 수 있는 비전을 생각하지 못했고, 그 비전을 바라보지도 못했으며, 서비스이용자들이 정말 변하고 싶어 하는 변화된 미래의 모습을 찾아내지도, 심지어 찾아보려는 의욕조차도 없었던 것이 사실이다.

비전은 목표를 분명하게 깨닫게 한다. 서비스이용자와 사회복지사의 내면에 잠자고 있던 희망과 살아가려는 삶의 의지를 불붙게 하고 지속되도록 하는 연료가 된다. 오늘날 한국사회에서 비전을 품은 사회복지조직의 리더들은 별로 많지 않아 보인다. 그럼에도 불구하고 동료 내지 선후배 사회복지사들과 서비스이용자들을 도와 비전을 발견하게 하고, 그 비전이 있는 방향으로 움직이도록 도와주었던 훌륭한 사회복지 리더들도 분명히 있었다(이준우 외, 2014).

이를테면 '조선에 복지의 씨앗을 뿌린 유진 벨, 의료를 통한 복지실천가 우월순, 간호와 복지의 선구자 서서평, 교육과 복지의 선구자 유화례, 농촌개발의 개척자 어비슨, 한센병자와 결핵환자의 아버지 최흥종, 여성운동과 여성교육의 선구자 김필례, 농촌복지와 노인복지의 개척자 강순명, 충현원 설립자 박순이, 의료복지를 개척한 하롤드 헨리, 대학에서 교수로서 사회복지사들을 양성했던 김만두와 박종삼, 한 · 일 사회복지계의 현장실천 외교관이라 할 수 있는 윤기, 한평생 실천현장을 떠나지 않은 1세대 사회복지 전공자 전봉윤' 등을 말할 수 있다(이용교 편저, 2013; 임상사회복지실천연구회 편, 2014).

더 많은 한국의 사회복지 리더들을 만날 수 있는 방법

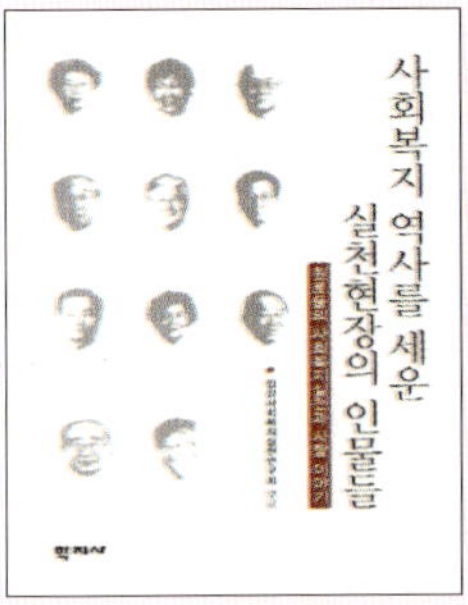

임상사회복지실천연구회 편(2014). 사회복지 역사를 세운 실천현장의 인물들

이용교 편저(2013). 한국 사회복지를 개척한 인물

이준우 외(2014). 태화 기독교사회복지실천의 역사적 의미와 과제

이상에서 언급한 이들은 모두 사회복지실천 현장에서 성공한 리더들이다. 리더들은 오랫동안 실천 현장에서 헌신적으로 일하면서 서비스이용자들을 도왔으며, 그들을 비전으로 이끌었다. 즉, 서비스이용자 스스로가 자신의 미래를 향해 비전을 가질 수 있도록 해주었다. 그 결과로 사회복지 리더들로부터 영향을 받은 서비스이용자들은 밝고 희망찬 미래를 향해 앞으로 나아갈 수 있었다.

그런 맥락에서 '복지경영'은 서비스이용자와 사회복지사 모두의 비전을 자극하고 그들 모두가 문제해결을 향해 발전적으로 노력해 나가도록 하는 효과적인 형태의 과정이자 활동이다. 그래서 '복지경영'은 현재 상황을 명료화하고, 미래에 초점을 맞추며, 구체적인 조직관리 운영의 목표를 달성하는 세 부분으로 구성되어 있다.

현재 상황을 명료화하도록 돕기 위해 서비스이용자들과 사회복지사들이 스스로 자기 자신을 성찰할 수 있도록 돕고, 자신이 갖고 있는 가치관을 인식하도록 지원한다. 아울러 주변의 환경을 면밀히 살펴보도록 이끈다. 여기에서 집중해야 할 것은 지역사회의 경제적 · 교육적 · 문화적 실태, 그리고 사회복지 조직의 역량과 복지 시스템 등에 대한 파악이다.

그 이후에는 서비스이용자들과 사회복지사들로 하여금 계속해서 앞으로 나아가도록 하는 추진력 있는 열정을 찾는 일에 초점을 맞춘다. 앞서 말한 선구적인 사회복지 리더들은 모두 다 자신의 일에 열정을 잃지 않았다. 이 열정 때문에 그들은 반대와 장애물 앞에서도 계속해서 나아갈 수 있었던 것이다. 열정은 개인적인 내면의 힘으로 우리가 힘차게 달려가도록 지지해 준다.

이와 같이 비전을 수립하고 유지하도록 결정적인 도움을 준다. 또한 비전은 우리가 문제해결을 향해 나아가도록 밀어주거나 당겨준다. 일단 비전이 구체적으로 형성되면 서비스이용자와 사회복지사는 서비스 개입 실천의 목표 지점에 도달하기 위한 실제적인 전략 단계를 다룰 수 있게 된다.

비전은 속도가 아니라 방향이다

비전(vision)과 사명(mission)은 거의 같은 것이라 볼 수 있지 않을까? 하지만 사실상 비전과 사명은 다르다.

비전은 우리가 미래에 실현되었으면 하는 어떤 것에 대한 분명한 그림이다. 비전은 우리가 다다르기 원하는 표적이나 목표이다. 비전은 현실을 뛰어넘는 그 무언가를 생각하도록 격려하고 향후에 있을 것을 마음에 그려 보게끔 이끈다. 비전은 영감을 불러일으킨다. 비전이 있는 사회복지 리더들은 서비스이용자들과 함께 일하는 사회복지사들의 마음을 하나로 묶어낸다. 그들은 미래를 꿈꾸며 상상하는 것을 공유하면서 성취 가능한 꿈을 기대하도록 서비스이용자들과 사회복지사들, 그리고 사회복지실천과 관련된 사람들을 흥분시킨다.

비전은 막연한 꿈이 아니다. 비전은 아직 실현되지 않은 현실이다. 비전은 속도가 아니라 방향이므로 비전을 갖게 되면 비전은 이루어진다. 비전을 갖느냐 갖지 않느냐는 그래서 중요하다.

일단 비전이 분명해지고 나면, 그것은 몇 마디 단어로 표현될 수 있다. 이상적인 '비전 선언문(vision statement)' 은 짧고 간결하며 쉽게 기억될 수 있는 것이다.

빠져진 이야기 하나

한 소년이 산에서 독수리 알 하나를 주워왔습니다.
소년은 이 알을 암탉 둥지에 넣어놓았습니다.
암탉은 독수리 알을 품어 부화시켰습니다.

새끼 독수리는 병아리들과 함께 어울렸습니다.
독수리는 날카로운 발톱과 강력한 날개를 사용할 줄을 몰랐습니다.
한 번은 들쥐 떼가 닭장을 습격했습니다.
닭들은 몸집이 큰 독수리가 들쥐들을 쫓아줄 것으로 기대했습니다.
그러나 독수리는 몸을 벌벌 떨며 도망을 다녔습니다.
그때부터 독수리는 닭들로부터 '모이만 축내는 겁쟁이'로 따돌림을 당했습니다.

그때 또 다른 독수리 한 마리가 멋지게 하늘을 날고 있었습니다.
닭장의 독수리는 그 모습을 바라보며 중얼거렸습니다.

"아, 정말 멋진 새로구나. 나도 저런 당당한 독수리가 될 수 있다면 얼마나 좋을까?"

세상에는 자신의 재능을 과소평가하여 닭장에 갇혀 있는 사람이 많습니다.
아무리 훌륭한 재능을 가졌어도 그것을 활용하지 못하면 무용지물일 뿐입니다.

자신의 재능을 썩히는 것이 독수리 탓이냐고요?
물론 그것을 일깨워주지 못하는 '환경' 탓이지요.
하지만 독수리가 가지고 있는 독수리라는 '본질(여기서는 날카로운 발톱과 강력한 날개)'은 변하지 않습니다.
언제까지 자신의 본질을 깨닫지 못한 채 환경 탓만을 하며 닭장 안에 갇혀 있을 건가요?

| 출처 | 인디언 민화 '닭이 된 독수리'.

세계적인 국제구호개발 NGO 사회복지법인 월드비전의 비전 선언문

비전 헌장(Vision Statement)

우리의 비전은 모든 어린이가 풍성한 삶을 누리는 것이며,
우리의 기도는 모든 사람들이 이 비전을 실현하도록 하는 것입니다.
Our vision for every child life in all its fullness.
Our prayer for every heart, the will to make it so.

한국전쟁의 현장에서 밥 피어스(Bob Pierce) 목사는 거리에서 죽어가는 수많은 어린 생명들을 보면서, 그 생명들을 살릴 수 있는 전문구호기관을 만들어야겠다고 결심했다. 그는 이 결심을 바로 실행에 옮겨 1950년에 미국 오리건 주 포틀랜드에 사무실을 열고 교회를 중심으로 모금을 했다. 그리고 한경직 목사와 함께 한국의 전쟁고아들과 남편 잃은 부인들을 돕기 시작했다. 이것이 월드비전의 첫 걸음이 되었다.

"하나님의 마음을 아프게 하는 것들로 인해 나의 마음도 아프게 하소서!"라는 밥 피어스 목사의 기도는 그대로 월드비전의 정신이 되었다. 이후 월드비전은 한국은 물론 전 세계 어린이를 돕기 위해 아시아, 아프리카, 라틴 아메리카 등 구호개발활동 지역을 넓혀가며 책임감 있게 활동하는 대표적인 기독교 국제구호개발 NGO로 성장했다.

월드비전은 비전 헌장에 명시한 바와 같이 이 땅의 모든 어린이들이 풍성한 삶을 누릴 수 있도록 어린이의 생존권과 빈곤완화를 위한 옹호활동을 펼쳐오고 있다. 이러한 월드비전의 노력으로 아동노동, 소년병, 아동과 여성에 대한 성적 착취 등과 같은 문제들에 있어서 각국정부 및 관련 기관들과 활발하게 연대하여 활동함으로써 더욱 효과적이고 근본적인 해결방법을 찾아가고 있다.

이와 같이 비전은 원대하면서도 동시에 명확한 방향으로 초점이 맞추어져 있어야 한다. 그래서 비전은 생각하고 또 생각한 후에 다른 많은 사람들과 논의하고 반추해서 수차례 수정한 가운데 형성되어야 한다. 하지만 수립된 비전이 절대 변하지 않아야 한다는 것은 아니다. 물론 비전이 하루가 멀다 하고 변해서는 안 되지만 보다 발전하고 진화할 수는 있다. 중요한 사실은 이들 비전이 모두 앞으로 이루어질 것임을 유의해야 한다는 것이다.

비전 수립하기

사회복지사 자신과 사회복지사가 만나야 할 서비스이용자 모두 비전을 갖는 것이 중요하다는 사실은 사회복지사라면 누구나 다 알고 있다. 비전이 없으면 희망도 없다. 비전이 없는 사회복지 조직은 그것이 사회복지 시설이든, 사회복지 NGO이든, 아니면 공공 사회복지전달체계를 운용하는 시 · 군 · 구 사회복지 담당 부서이든 여하간 모두 다 마찬가지라는 것을 사회복지사 자신이 가장 잘 안다.

하지만 동시에 비전을 찾아 그 내용을 구체적으로 정리해서 비전으로 수립하기가 어렵다는 것도 잘 안다. 그래서인지 대부분의 사회복지사들은 비전의 필요성을 느끼지 못하고 있거나 사회복지사 자신의 업무를 성공적으로 수행하기 위한 비전에 대해 생각할 시간이나 여력을 갖고 있지 않아 보인다. 자신의 업무를 성실하게 열심히 하기는 하지만 단지 일이 주어졌기 때문에 한다고 하면 그것만큼 사회복지사에게 불행한 일은 없다.

그러므로 '복지경영' 에서는 사회복지 조직과 그 속에서 일하는 사회복지사들이 자기 스스로 정리해서 수립한 비전 혹은 조직에서 이미 만든 비전을 공유하든, 사회복지사들로 하여금 분명하면서도 간결하고 영속적인 비전에 초점을 맞추도록 도와주는 것을 중요한 역할로 삼아야 한다. 실제로 사회복지 리더는 복지경영을 통해서 함께 일하는 사회복지사들과 그들로부터 사회복지서비스를 제공받는 서비스이용자들이 감동을 받고 따를 수 있는 비전을 명시할 수 있는 능력을 갖추어야 한다. 사회복지 리더가 발휘해야 하는 리더십은 비전이 생기도록 하는 것이어야 한다.

태화샘솟는집 설립 이야기

앞이 보이지 않는 암흑과도 같은 절망 그 자체였던 일제강점기라는 한국적 상황 속에서 태화는 1921년 마이어스(M. D. Myers) 선교사에 의해 우리나라 최초의 복지관인 태화여자관(현 태화기독교사회복지관)이라는 모습으로 세워졌다.
태화는 처음 출발단계에서부터 우리 사회에서 소외되고 무시당하고 상처받은 이들을 첫 번째 사역의 대상으로 삼고 헌신해왔다. 당시 우리 사회에서 가장 소외된 이들은 아동과 여성이었다. 여성들은 초등학교 교육이 전부였고 어린아이들은 모든 면에서 소외되고 무시당했다. 그런 여성과 어린아이들을 대상으로 태화의 사회복지실천은 시작되었다.
태화는 그 1921년의 설립정신을 이어가기 위해 지속적으로 그 시대가 필요로 하는 대상, 그 시대 가장 소외된 취약계층을 찾고자 노력해왔다. 1980년대 후반 가장 상처받고 소외된 이들을 찾다 정신장애인들에게로 태화의 관심이 돌려졌고, 대상을 찾은 다음에는 본격적으로 전문적인 서비스를 제공하기 위한 준비단계로 들어갔다. 그래서 우리나라 최초의 정신장애인 사회복귀시설인 '태화샘솟는집' 프로그램을 시작하게 되었다.

"소외당하고 무시당하는 상처받은 사람 중에 누가 있냐하면 정신질환자들, 우리나라는 정신병을 가진 사람들 중에서 굉장히 많은 비중이 정신분열증 환자들이잖아요, 그런 분들을 위해서 우리가 일을 해야겠다. 그래서 보건복지부 관계자들을 만나면서 정신질환자들을 위한 수용시설을 하러 다녔어요. … 그러다가 뉴욕에 있는 정신장애인 사회복귀재활 프로그램을 접하게 됐어요. … 지역사회에서 우리와 더불어 살면서, 그 사람들이 가지고 있는 잠재능력을 끌어내어 생산적인 일에 참여하게 하고, 그래서 인간적인 대우를 받을 수 있도록, 진정한 의미에서의 재활을 할 수 있도록 해야겠다. 당시 관장님이 남경현 관장님이셨는데, 상당히 앞서가는 판단을 하셨던 거죠. 그렇게 해서 프로그램 총무였던 제가 미국에 가서 한 달 동안 훈련을 받았어요. 과연 이 프로그램이 한국적인 상황에서 성공할 수 있을 것인가를 … 수용시설을 접고 이용시설인 샘솟는집 프로그램을 만들자."

강력한 현장의 필요를 채우기 위해 마침내 국내 최초의 정신장애인 사회복귀시설을 태화가 시작하고 운영하게 되었고, 세월이 흘러도 한결같은 마음으로 최선을 다했더니 어느 순간 국내 최고의 선도적 사업으로 인정받게 되었다.

| 출처 | 이준우 외(2014). 태화 기독교사회복지실천의 역사적 의미와 과제.

과거 암울했던 우리나라의 사회복지실천 현장에서 다른 사람들은 꿈도 꾸지 못했던 것을 미리 내다보고 한걸음씩 묵묵히 노력해 갔던 리더들의 비범한 능력에 절로 감탄할 수밖에 없다. 그들의 강인함과 심각한 장애물에도 포기하지 않는 의지, 그리고 비전을 실현하기 위해 기꺼이 모든 것을 버리겠다는 정신력에 환호하게 된다. 경외심을 가지고 그들을 바라보면서, 비전을 품은 사람은 매우 드물고 우리와는 다른 사람들이라는 결론을 내린다. 그들은 우리 대부분이 일상적 활동에 매여 헤어나지 못하는 것을 이해조차 못하는 특별한 부류의 사람들이 틀림없다고 생각한다. 우리는 막연하고 일반적인 방법으로 미래에 대하여 생각할 시간이나 에너지가 없는 가운데, 하루하루를 분주하게 살아가고 있다.

앞서 소개한 사회복지 리더들을 보면서, 수많은 사회복지사들 가운데에 아마도 극히 소수의 사회복지사들만이 미래의 대세를 예측할 수 있는 비범한 능력과 그 길을 인도할 수 있는 용기를 가지고 있음에 동의하게 된다. 비록 그럴지라도, 복지경영에서는 모든 사람이 비전을 가질 수 있다고 전제한다. 그러한 믿음이 있어야만 진정한 복지경영이 가능하게 된다.

만일 비전을 품지 않고도 사회복지 리더가 될 수 있다고 생각하면, 하루빨리 사회복지실천 현장을 떠나는 것이 나을 것이다. 자신이 어디로 가고 있는지를 알지 못하는데 어느 누가 그런 사회복지 리더를 따를 수 있겠는가 말이다. 만일 자신의 업무에서 성공하기를 원하고, 서비스 이용자들을 효과적으로 변화시키며, 좋은 슈퍼바이저가 되고, 자신이 속해 있는 사회복지 조직을 성장시키며, 사회복지 시설을 바르게 세우기를 원한다면, 비전을 가져야 한다.

하지만 이는 쉬운 일이 아니다. 그러나 하지 못할 일은 더더욱 아니다. 사회복지를 제대로 공부하고 전공한 사회복지사라면 충분히 비전을 소유할 수 있다. 사회복지는 강점 시각을 강조한다. 그 어떤 휴먼서비스 영역과 비교해도 상당히 긍정적이다. 불가능보다는 가능성에 더 비중을 둔다. 그것이 바로 사회복지이다. 또한 사회복지사 각자는 독특하다. 사회복지의 영역이 다양하면서도 각 분야마다 특성이 있듯이 사회복지사 각각도 자신만의 특별한 비전과 목적을 가질 수 있다. 어떤 비전은 크고 모든 것을 포괄하는 것인 반면에 또 어떤 비전은 규모는 작지만 반드시 필요한 것일 수 있다. 중요한 것은 비전을 찾을 수 있고, 비전은 수립될 수 있다는 사실이다. 그러면 어떻게 비전을 수립할 수 있는가?

1. 심사숙고하라

사회복지사 자신이 진정으로 비전을 수립하려고 한다면 무엇보다도 먼저 그 비전을 실현하고자 하는 의지가 있는지를 점검해야 한다.

사회복지시설 평가에서 낮은 점수를 받아 컨설팅 권유를 받은 지역사회복지관의 시설장과 면담을 했다. 단순한 만남이라기보다는 컨설팅의 성격으로 주선된 미팅이었다. 시설장은 오랜 기간의 실무 경험에서 체득한 기관 경영 노하우에 대한 확신을 갖고 있었고, 기관의 발전을 위한 명확한 비전을 갖고 싶어 하는 간절한 소망도 피력했다.

하지만 자신의 일이 너무 많아서 막상 비전을 실제로 수립할 여유는 없다고 단언했다. 비전 수립에 대한 필요성은 잘 알고 있지만 비전에 대해 생각할 시간은 거의 없다고 말했다. 그리고 새로운 기관 운영 방식을 시도하는 것도 의미가 없는 것 같은 생각이 든다고 고백했다. 결국은 변화를 위한 그 어떤 노력도 이루어질 수 없었다. 고민하고 생각할 여력이 없다고 하는 순간 그 어떤 변화도 일어날 수 없는 것이다. 그 시설장이 운영하는 기관은 앞으로도 계속 허둥대면서 더 잘 할 수 있음에도 지금처럼 고민하는 모습으로 존재할 것이다. 그 이유는 심사숙고할 생각도 없고, 심사숙고하지도 않기 때문이다.

2. 조급해하지 마라

비전을 수립할 때에는 너무 빨리 하려고 초조해 할 필요는 없다. 누구나 재빨리 비전을 채택하고 그 비전을 기초로 해서 열정적으로 일하고 싶을 것이다. 그래서 최대한 빨리 비전을 명문화하고 싶겠지만, 절대 서둘러서는 안 된다. 후보로 떠오른 비전 선언문들을 읽고 또 읽다보면 지속적으로 가슴에 와 닿는 내용이 없을 수도 있다. 그래도 계속 읽다보면 어느 순간에는 틀림없다고 느껴지는 비전 선언문이 나올 것이다. 바로 그때 그 비전 선언문이 진실된 '비전' 이 된다.

3. 열정의 동기와 비전이 일치되게 하라

사회복지사 자신의 가치관과 재능 그리고 열정에 대하여 진지하게 살펴보아야 한다. 바로 이와 같은 것들이 사회복지사와 사회복지 조직이 가져야 할 비전의 핵심 요소들이 된다. 그러므로 구체적으로 자기 자신에게 질문해야 한다. '무엇이 나를 진정으로 감동시키는가? 무엇이 내 가슴을 벅차게 하는가? 무엇이 내 삶에 강렬한 기쁨으로 다가오는가? 무엇이 나로 하여금 열정을 불러일으키는가?' 이러한 자문에 대답하면서 사회복지사 자신이 갖고 있는 열정의 동기와 비전이 서로 만나 조화를 이뤄내게 된다.

4. 정보를 수집하라

비전은 미래에 대한 것이지만, 그것은 현재로부터 나온다. 그러므로 사회복지사는 자신과 조직의 미래를 바라보면서 먼저 현재를 성찰해야 한다. '무엇이 변화할 수 있겠는가? 무엇이 변해야만 하는가?'를 살펴보아야 한다. 그러면 비전은 거의 예외 없이 현 상황에 대한 불만족과 그것을 개선하고자 하는 간절한 소망에서 비롯된다는 사실을 깨닫게 될 것이다.

앞에서 사례로 든 컨설팅 대상으로 선정된 지역사회복지관의 시설장에게로 돌아가 보자. 그가 운영하는 복지관을 개선하기 위해 세계 경제나 거시적인 복지동향에 대해서까지 알 필요는 없을 것이다. 그러나 적어도 그가 속해 있는 지역사회에서, 그리고 그로부터 영향을 받으면서 함께 일하는 사회복지사들과 서비스이용자들의 삶 속에서 무슨 변화가 기관에서 제공하는 복지서비스를 통해 일어나고 있는지를 파악해야 할 것이다.

기본이 갖춰진 사회복지사라면 자신의 업무를 단지 시간을 때우는 것으로 보내서는 절대 안 된다. 사회복지사는 지역사회를 둘러보아야 한다. 주민들과 대화하면서 그들이 무엇을 원하는지 파악해야 한다. 주민들이 좋아하는 여가와 삶의 방식이 무엇인지를 알아가려고 노력해야 한다. 비전을 수립하는 것은 마치 점쟁이가 미래를 예측하기 위해 점괘를 보는 것과 같은 것이 아니다. 비전은 현재의 상황과 경향에 주목하고, 어떤 일이 진행되고 있는지 면밀히 파악해서 사회복지사 자신의 가치관과 재능 그리고 열정이 현실을 뛰어넘어 미래에 변화를 일으키는 방향으로 어떻게 사용될 수 있는지를 깨달음으로 정리될 수 있는 것이다.

5. 이미 비전을 갖고 있는 사회복지 리더들에게 배우라

비전을 갖고 있고 그 비전을 실현하기 위해 실천하고 있는 사회복지 리더들로부터 배워야 한다. 아무런 비전도 없이 하루하루 분주하게 일하면서 시간을 보내다가 어느 순간 '내가 왜 이렇게 살지?' 라는 회의감이 밀려올 때, 비전을 품고 사는 동료든, 선배든, 상사든, 누구든 상관없이 찾아가서 만나보라! 대화를 나누면서 비전을 소개받고 가르침을 받아라! 낙심과 좌절, 절망도 전염되지만 열정과 패기, 소망과 굳은 의지도 전파된다.

다만 주의해야 할 것은 어떤 경우는 가르침을 주는 사회복지사들의 열정과 혁신적인 아이디어가 너무 대단하거나 엄청 충만해서 오히려 주눅이 들거나 위축되지 않도록 애써야 한다. 말하다 보면 다소 과장될 수도 있고, 성공담이 영웅담이 될 수도 있음을 명심해야 한다. 실패 없이 달성된 성과는 결코 없다. 실패는 기억되지 못하고 말해지지도 않는다. 그래서 누군가를 만난다는 것이 부담스러우면 자신과 조직의 비전을 놓고 생각하는 데 도움이 되는 강의를 듣거나 책을 읽는 것도 좋은 방법이 될 수 있다.

6. 비전을 확인하고 점검하라

사회복지사들 각자나 사회복지 조직들 각각마다 비전은 서로 다를 수밖에 없다. 그러나 놀랍게도 좋은 비전은 모두 비슷한 특징을 공유하고 있다. 그 특징을 요약해보면 대략 다음과 같다.

첫째, 사회복지적인 가치와 일치한다. 사회복지사는 인간의 존엄성과 권리 그리고 사회정의를 추구하는 사회복지적인 가치를 지향해야 한다. 좋은 비전은 대부분 사회복지적인 가치를 잘 반영하고 있다.

둘째, 사회복지사 자신이 추구하는 가치관과 갖추고자 애쓰는 재능, 그리고 사회복지실천에 대한 열정 등이 비전 선언문의 내용과 일치할 때에 그 비전은 좋은 비전으로 볼 수 있다.

셋째, 훌륭한 비전은 그것을 위하여 충분히 헌신할 만한 가치가 있고, 희생할 가치가 있으며, 노력할 가치가 있을 뿐 아니라 그것을 위하여 목숨을 바칠 가치까지 있어야 한다.

넷째, 분명하고 간결한 내용으로 구성되어야 한다. 비전 선언문은 이해하기 쉽고, 기억하기 쉬우며, 전달하기 쉬운 문장으로 정리되어야 한다.

다섯째, 서비스이용자를 향한 존중과 배려가 드러나야 한다. 좋은 비전은 서비스이용자에 대한 진실함, 존경심 그리고 배려 등이 함축되어 있다.

여섯째, 적극적이며 의욕적이어야 한다. 최선의 비전은 사회복지 조직을 활력 있게 만들어 주며, 사회복지사들을 서비스실천 개입에 헌신하도록 인도하고, 서비스이용자들을 크게 감동시키며, 그 결과로 서비스이용자들이 현재의 상황보다 더 나은 그 무엇을 향하여 움직이게 하는 힘이 있다.

일곱째, 특화되어 있다. 좋은 비전은 사회복지 조직과 그 속에서 일하는 사회복지사들의 독특성을 제대로 반영한다. 사회복지 조직과 사회복지사의 특성이 고스란히 나타나서 개성이 펼쳐진다. 좋은 기관의 좋은 비전이라고 해서 그대로 베껴 와서는 안 된다.

비전 회복하기

신참으로 사회복지실천 현장에 처음 왔을 때에 가졌던 꿈과 희망을 지속적으로 가지고 일하면 얼마나 좋을까? 하지만 열악하고 척박한 서비스이용자들의 삶의 문제를 놓고 씨름하다가 보면 어느새 타성에 젖어들고, 소진되는 경우가 허다한 것이 현실이다. 이때 복지경영은 지친 사회복지사들을 격려하고 다시금 힘과 열정을 공급해 주는 활동이 된다.

그렇다! 복지경영은 비전을 수립하는 데에도 그 역할을 다해야 하지만 비전을 다시 회복하는 일에도 활용되어야 한다. 비전은 사회복지사로 하여금 실천 현장에서 다시금 흥분을 불러일으키며 더욱 열정적으로 업무에 매진하도록 동기를 부여하기도 한다. 물론 지속적으로 비전을 살려두고 유지하는 일은 대단히 어려운 일이다. 비전이 시들게 되면, 열정도 식어버리고 성실함과 열심도 사그라든다. 바로 그때 소신도 없어지고 우유부단함과 타성이 몰려든다. 당연히 소망도 사라진다. 그러므로 비전을 회복하게끔 돕는 일은 복지경영에서 매우 중요하다.

그러면 비전이 상실되는 이유는 무엇인가?

첫째, 비전이 사회복지적인 가치가 아닐 때에 그럴 수 있다. 사회복지실천 현장에서 회자되는 우스갯소리가 있다. "사회복지의 이론 중에서 '등 이론' 이 있단다. '등 이론' 이란 서비스이용자를 등쳐먹는 이론이란다. '뻔 이론' 도 있단다. '뻔한 이론' 갖고 아무 생각 없이, 영혼 없이 일하게 한단다." 정말 놀랍지 않은가! 오늘 우리의 실천현장에 서비스이용자들의 권리와 욕구를 고려하지 않은 채, 자신의 이익을 도모하기 위해 사회복지실천을 하는 것으로 지탄받는 사기꾼들이 종종 발생하고 있는 것이 현실이다.

이렇게 극단적이며 과도하게 부정적인 이야기를 하지 않더라도 실은 서비스이용자가 아닌 자신의 이익을 위해서 사회복지실천을 하는 경우가 허다하지 않은가? 문제는 사회복지적인 가치를 확고하게 하지 않으면 사회복지실천을 해야 하는 본질을 나타내는 바로 그 비전을 상실할 수밖에 없다는 것이다.

둘째, 비전에 대한 깊은 헌신이 없기 때문이다. 비전은 수립하는 것보다 그 비전을 실현하기 위해 노력하는 일이 더 힘들다. 비전을 이뤄내고 그 비전을 지속해가려면 깊은 헌신이 뒤따라야 한다. 대가 없는 결과는 없다. 모든 일에는 대가를 지불해야 한다. 그런 면에서 비전에 대한 헌신이 없으면 비전은 약화되거나 상실될 수 있다.

셋째, 합리적이지 않은 조직 문화와 열악한 업무 환경 때문이다. 사회복지 조직임에도 불구하고 불합리한 조직 문화가 강하게 형성되어 있으면 소속된 사회복지사들의 비전은 크게 약화될 수밖에 없다. 아울러 업무의 시간과 강도 등을 전혀 고려하지 않는 근무 환경 속에서 일하는 경우에도 사회복지사들은 비전을 잃어버릴 수 있다. 특히 조직의 문화와 업무 환경이 도덕적이지 않다면 이는 더더욱 사회복지사들을 절망하게 한다. 당연히 비전은 상실될 수밖에 없다.

넷째, 격려가 없을 수도 있다. 사회복지사 혼자서 비전을 유지하는 것이 가능하기는 하지만 대체로 격려와 지지가 없고, 가까이 다가와 도와주고 성원해 주는 동료나 상사, 선후배가 전혀 없이 단 한 사람에 의해서만 비전이 유지될 때에는 쉽게 상실될 수밖에 없다. 서비스이용자들에게 지지망을 형성하는 데에는 그토록 애쓰면서도 왜 정작 사회복지사들 간에는 유기적이며 지지적인 네트워크가 형성되지 않는가! 서로 격려하며 더불어 힘을 북돋워주는 일이 있어야만 비전은 유지되고 비전의 실현을 향한 노력은 가속화된다. 사회복지 조직에서 제시하는 올바른 비전은 반드시 공유되어야 한다. 그 어떤 탁월한 사회복지 전문가라 해도 비전을 혼자서 이룰 수는 없다는 사실을 기억해야 한다.

다섯째, 변화나 진전이 없는지도 모른다. 아무리 좋은 비전이라도 그 비전이 쉽게 현실에서 이루어지는 경우는 극히 드물다. 비전이 실현된다는 것은 마치 '이슬비 혹은 가랑비에 옷이 젖는 것' 으로 비유할 수 있다. 아무런 변화도 일어나지 않는 것처럼 보일 때에 비전을 유지하는 것은 어렵다. 하지만 꼭 알아야 할 점이 있다. 비록 표현되지는 못해도 서비스이용자들은 사회복지사들이 사회복지실천 개입을 통해 자신들을 변화시키려는 그 숭고한 비전을 절대 버리지 않기를 간절히 바란다는 것이다.

그러나 사회복지사도 인간인지라 때때로 희망을 유지할 증거가 별로 보이지 않을 때는 저절로 자신과 조직의 비전이 희미해져 가는 것을 방치할 때도 있다. 그렇기 때문에 사회복지 리더는 복지경영을 통해 비전을 이루는 일이 느리게 진행되거나 진전이 거의 없을 때에는 서비스이용자들을 만나서 개입실천을 수행하는 일선의 사회복지사들에게 희망을 주고 격려를 아끼지 않아야 한다.

여섯째, 비전의 필요성조차 깨닫지 못해서일 수도 있다. 때때로 비전은 사회복지사들이 현재의 업무 방식에 익숙해지기 때문에 희미해지는 경우가 있다. 마치 어떤 사람이 수리가 필요한 집에서 살면서도 고치지 않고 차일피일 미루며 생활하는 것을 예로 들 수 있다. 집을 고치지 않고 방치한 채 그냥 오래 지내다 보면, 있는 그대로 적응이 되어 변화해야 할 필요성에 대하여 점점 생각하지 않게 된다. 비전도 그와 같은 것이다.

일곱째, 장애물이 있어서이다. 사회복지실천을 하다 보면 이런저런 장애물들을 마주하게 된다. 그러다 보면 품어야 할 비전을 포기하거나 비전을 약화시키는 데에 타협할 수 있다. 이를테면 누군가 그 비전은 이루어질 수 없는 것이라고 말하는 것을 듣거나 혹은 비판을 받거나 노골적인 반대에 직면할지도 모른다.

필자가 교수가 되기 전에 일했던 밀알복지재단에서 자폐경향이 있는 장애인들을 교육하는 밀알학교를 설립했을 때였다. 당시로서는 최초의 자폐아를 위한 특수학교를 세우는 일이야말로 밀알복지재단의 소중한 비전이었다. 하지만 지역주민들의 강력한 반대와 반발은 상당히 위협적으로 다가왔다. 홍정길 이사장님, 손봉호 이사님, 정형석 목사님과 필자를 비롯한 직원들은 꽤 오랜 시간동안 고통을 받았고, 의기소침했었고, 우리가 수립한 비전이 정말 이루어내어야 할 비전인지에 대한 고민까지도 했었다. 하지만 특수학교를 설립하고자 하는 비전에 대한 깊은 헌신이 있었기에 많은 시간과 엄청난 노력을 기울여 밀알학교를 마침내 설립했으며, 지금은 우리나라뿐만 아니라 전 세계적으로도 모범적인 사례로 인정받고 있다. 그때 학교 설립에 방해가 되었던 장애물인 지역주민의 님비 현상을 이겨내지 못했더라면 오늘의 밀알학교는 존재할 수 없었을 것이다.

밀알학교 전경

세라믹팔레스홀

1997년 개교한 밀알학교는 서울특별시 강남구 일원동에 위치하고 있으며 발달장애 학생들을 위한 교육환경을 만들기 위해 기독교정신으로 설립된 특수학교이다.
학교 안에는 음악홀인 세라믹팔레스홀, 밀알미술관, 카페테리아, 베이커리, 북카페 등이 있어 누구나 와서 즐길 수 있으며, 이제는 지역사회 주민들이 선호하는 복합문화공간으로 자리매김하고 있다.

사명은 행동이다

사회복지 조직을 경영하는 리더가 사회복지사들과 함께 비전 선언문을 만들고 난 후에는 사명 선언문을 작성해야 한다. 사명 선언문은 비전 선언문에 비해 행동 선언서에 더 가깝다. 사명 선언문은 사회복지 조직을 형성하거나 사회복지 시설을 세우는 것, 사회복지실천의 목적을 실현하고자 노력하는 것, 사회복지실천 프로그램을 개발하거나 어떤 사회복지실천 사업이나 프로그램 등을 키우는 것과 관련이 있다. 동시에 사명 선언문은 비전을 달성하기 위하여 사회복지사들이 사용하거나 취할 행동의 지침을 제공해 준다.

사회복지 조직에서 일하는 사회복지사들이 더 크게 성장해서 더 탁월한 전문가로 자라가도록 세우는 일에서부터 사명은 시작한다. 그리고 사회복지사들이 만나게 될 서비스이용자들이 문제들 속에 함몰되지 않고, 문제들을 뛰어넘어 소망을 갖기 어려운 현실에서 오히려 문제해결을 향한 굳은 의지와 희망찬 미래를 바라보는 비전을 갖게 하는 일이 사명 선언문에 반영되어야 한다. 나아가 사회복지실천을 성공적으로 수행하는 데에 절대적으로 필요한 사회적 자본들을 발굴하고 연결시켜서 효과적으로 동원해나가겠다는 의지도 담겨 있을 필요가 있다.

사회복지법인 감리회 태화복지재단의 사명 선언문

감리회 태화복지재단은 섬김과 나눔의 정신으로 소외된 이웃의 삶의 질을 향상시킴으로써 하나님의 큰 평화(泰和)를 실현한다.

섬김과 나눔의 정신으로 소외된 이웃의 삶의 질을 향상시킴으로써 하나님의 큰 평화를 실현하고자 1921년부터 정진해온 사회복지법인 감리회 태화복지재단은 다양한 전문 사회복지실천을 통해 그 영역이 날로 확장되면서 우리나라 최초의 사회복지기관이자 최고의 사회복지기관으로 역할을 감당하고 있다.

그러면 사명 선언문을 작성하려면 어떻게 해야 하는가? 다음에 제시하는 문장을 먼저 완성해 보면, 사명 선언문을 완성하는 데에 큰 도움이 될 것이다. 즉, “지금 내가 일하는 사회복지 조직의 목적은 … 이다.” 그 다음으로 “이러한 목적을 달성하기 위한 목표들은 ① …, ② …, ③ … 등 이다.” 이렇게 문장을 완성한 후에 본격적으로 보다 더 구체화된 행동을 담아내도록 노력해야 한다. 그러기 위해서는 보다 강력한 선언이 요구될 것이다. 바로 사명 선언문이 그와 같은 선언들을 포함하고 있는 것이다. 왜냐하면 사명 선언문은 행동 선언서에 가깝기 때문이다. “우리의 사명은 …하기 위하여 일하는 것” 혹은 “…을 개발하는 것” 등과 같이 행동을 표현하는 방식으로 끝맺도록 문장을 만들면 훌륭한 사명 선언문이 나오게 된다.

다음은 효과적인 사명 선언문을 작성하기 위한 몇 가지 지침들이다.

첫째, 자신이 일하는 사회복지 조직이 추구하는 비전이나 가치, 이념 등과 서비스이용자의 가치와 욕구 등이 상호 조화를 이루거나 일치해야 한다. 이렇게 되어야만 서비스이용자와의 심리적인 갈등 없이 사회복지 조직의 사명이 완수될 수 있다.

둘째, 구체적이어야 한다. 비전은 좀 더 이상적이며 관념적일 수 있지만, 사명 선언은 행동을 위한 청사진이나 계획이기 때문에 보다 구체적일 필요가 있다.

셋째, 행동의 선언이어야 한다. 사명 선언은 서비스이용자를 대상으로 사회복지사가 무엇을 할 것인지를 선언하는 것이다. 선언서에 나오는 많은 단어는 행동을 표현하는 동사로 끝나야 한다.

넷째, 분명하고 기억하기 쉬운 용어를 사용해야 한다. 만일 사명 선언문이 모호하다면, 그것으로는 동기부여가 안 될 수 있다. 또한 무엇을 하려고 하는지 기억하기도 어려울 수 있다.

다섯째, 측정 가능한 것을 지목해야 한다. 사명 선언문은 볼 수 있고 측정할 수 있는 것을 지목해 주어야 한다. 그래서 서비스이용자를 대상으로 실천개입을 해야 하는 사회복지 조직에 소속된 사회복지사는 다음 문장에 답할 수 있어야 한다. "내가 이 사명을 완수하였을 때 그것을 어떻게 알 수 있는가?" 이에 대해 측정 가능한 내용으로 말할 수 없다면 그와 같은 사명 선언문은 사회복지 조직에 별 도움이 되지 않을 수 있다.

그래서 사명 선언문을 작성할 때에 사회복지 조직의 리더는 함께 일하는 사회복지사들과 SWOT 분석을 해볼 필요가 있다. 이것은 많은 시간이 걸리는 어려운 작업이지만 사회복지 조직과 사회복지사들의 사명을 명료화하고, 미래를 구체화하는 데 큰 도움이 될 것이다. 여기에서 SWOT이란 강점(strength), 약점(weakness), 기회(opportunity), 위협(threat) 등 4가지의 범주를 줄인 약어이다.

SWOT 분석의 방법은 우선 강점을 열거하는 것부터 시작할 수 있다. 예를 들어, 필자를 한 번 생각해 보겠다. "나는 이준우 교수이다. 내가 내 자랑을 하기 민망하지만 나는 강의를 잘 한다. 최우수 강의평가로 포상도 자주 받았다. 그래서 공개 강연은 나의 강점 가운데 하나다." 이것을 목록에 올리고 난 다음에, 학술 세미나에서 강의하거나 때때로 사회복지 조직이나 대학에서 가르치는 것으로 사명을 실천할 수 있다고 사명 선언문을 작성할 수 있다.

그런 후에 약점을 열거한다. 여기에서 주의할 점은 과도하게 약점에 압도되지 않고 약점을 직면하여 극복할 수 있는 몇 가지 실제적인 방법을 기록해 보는 것이다. 필자의 경우에 약점 목록 가운데 하나는 너무 바쁜 생활 방식이다. "나는 사람을 기쁘게 하고 싶은 욕구가 매우 강한 사람이기 때문에 한계를 정하고 '아니오!' 라고 거절하기를 꺼리는 성향이 있다. 나와 가까운 동료 교수에게 내 생활을 좀 더 균형 있게 조절하도록 책임을 물어 달라는 부탁을 하기로 결심할 수 있다."

다음 과제는 필자가 가지고 있는 기회를 열거하고 필자가 갖고 있는 재능과 가치관, 열정 그리고 전반적인 비전에 비추어 필자가 무엇에 반응할 필요가 있는지를 결정하는 것이다. "때때로 나는 가르칠 기회를 얻는다. 나는 이것을 목록에 올려놓고 이런 기회들을 활용해야 한다고 작성할 수 있다. 너무 바쁜 생활 방식을 피하기 위해, 앞으로는 가르치는 일을 예를 들면 두 가지 방식으로 제한하기로 결심할 수도 있다. 첫째, 가르치는 시간의 양을 제한하여 압도당하는 느낌을 피하도록 할 것이다. 둘째, 내가 가장 흥미를 느끼고 가장 잘 한다고 생각하는 주제에 한정해서 가르칠 것이다."

그 다음에 필자는 위협이 되는 것을 열거할 수 있다. 이것은 어려운 작업이 될 것이다. 나는 이 목록에 어떤 항목이 올라가야 하는지를 이미 알고 있겠지만, 솔직히 고민할 것이다. "나는 어떤 문제나 사람으로 인해 위협을 느낀다. 그러나 두려움을 느끼는 것들을 시인하려고 하는 사람은 극히 적다. 결국 나는 내게 위협이 되는 몇 사람들의 이름을 종이에 적게 될 것이다. 그들은 나보다 더 성공적이고 더 유능해 보이기 때문에 내게 위협이 되었을 것이다. 또한 내가 앞으로 쓰는 책들이 출간되었을 때에 팔리지 않을지도 모른다는 생각, 그리고 내가 쓰는 글이 유익하지 않다고 독자들로부터 외면 받을 수도 있다는 생각에 위협을 느낀다고 작성할 수도 있을 것이다." 하지만 필자를 돕는 박사과정의 대학원생들과 한결같이 지지해주는 제자들의 격려를 통해 이런 위협에 압도되지 않게 될 것이다. 그래서 더 훌륭한 책을 만들도록 도와줄 유능한 편집자를 찾아서 충실한 교정과 교열을 거쳐 출간을 하고 시장을 개척하도록 하겠다고 작성할 수 있을 것이다. 물론 필자는 작성한 그대로 할 것이다.

Chapter 2

모델:
사회복지실천과
비즈니스 모델

서비스이용자들은 누구보다 훌륭한 파트너이다.

서비스이용자들이 복지관 안팎에서 훌륭한 리더로,

조력자로 함께 할 수 있는 역량을 이끌어내는 것은 사회복지사의 몫이다.

일반적인 경영의 영역에서 경영의 가치는 주로 고객이 선호하는 욕구나 요구에 기초한다. 하지만 복지경영은 '사회복지의 가치'와 서비스이용자의 '고객 가치'가 조화를 이루거나 통합된 형태로 정리될 수밖에 없다.

제1장에서 다룬 것처럼 비전과 사명을 수립할 때는 당연히 사회복지적인 가치에 기초하여 복지경영의 가치를 주로 정립하게 됨을 살펴보았다. 본 장에서는 복지경영의 '고객 가치'를 중심으로 복지경영의 가치와 그에 따른 비즈니스 모델을 정리해 보고자 한다.

복지경영에서의 '고객 가치'

'복지경영'에서 '고객 가치'란 구체적으로 무엇인가? 대답하기가 쉽지 않은 질문이다. 왜냐하면 '고객 가치'에 대한 개념은 기업 경영의 영역에서는 이미 상당히 논의되어 왔기 때문이다. 따라서 '복지경영'에서 '고객 가치'의 개념을 정의하기 위해서는 신중하면서도 일반적인 경영 분야로부터도 설득력 있는 것으로 인정받을 수 있어야 할 것이다.

실제로 일반 경영학에서는 '고객 가치(customer value)'에 대한 수많은 정의가 존재한다. 하지만 고객이 제품이나 서비스를 구매하거나 이용할 때, 물리적인 이용에만 만족을 느끼는 것을 넘어선, 고객의 욕구를 충족할 수 있는 만족의 주관적 의미라고 보아야 한다는 것으로 합의되고 있다. 예를 들어, 고객이 고가의 명품 핸드백을 구입했다면, 그 고객은 단순히 핸드백의 기능과 역할, 품질이 어떠한지에 대한 만족을 넘어서, 그 명품 핸드백이 내포하고 있는 '품위'를 진정한 가치로 생각하고 만족을 느낀다. 이러한 고객 가치는 근본적으로 고객이 갖고 있는 욕구를 만족하기 위함에서 시작될 수 있다.

그래서 일반적인 경영의 영역에서는 고객 가치를 크게 두 가지 측면에서 바라보고 있다. 첫째는 원하는 가치(desired value), 둘째는 지각된 가치(perceived value)이다. 원하는 가치란 제품과 서비스를 통해 고객이 원하고 바라는 것을 의미한다. 지각된 가치란 고객이 제품과 서비스를 구매하고 이용한 후에 누릴 수 있는 혹은 받은 혜택 및 이득을 의미한다. 같은 맥락에서 고객은 구매를 결정할 때에는 항상 다음과 같이 질문한다.

'내가 지불한 비용이 나에게 얼마만큼의 혜택으로 돌아올까?'

고객은 여러 가지의 선택 사항 중 본인에게 가장 많은 혜택으로 돌아오는 것을 선택하기 마련이다. 즉, 본인에게 돌아올 혜택(benefits)과 본인이 지불해야 하는 시간, 금전, 기회비용 등에 해당하는 비용(cost)을 뺀 것을 고객 가치로 인식하기도 한다.

이제 이 시점에서 곰곰이 생각해 보자. '고객 가치'란 사회복지 조직에서 서비스이용자의 복지향상을 위해 개발한 상품인가? 아니면 사회복지 서비스인가? 프로그램인가?

사실 이 모든 것, 전부 다 '고객 가치'에 의해서 산출된 결과물이다.

결국 '복지경영' 에서 '고객 가치' 란 서비스이용자들이 선호하는 서비스 욕구에 대한 인식과 서비스 만족에 따른 서비스 중요성에 대한 평가 등으로 형성된 서비스 가치를 말한다. 즉, 서비스 선호에 따른 서비스이용자의 서비스 가치 판단이라고 요약할 수 있다.

당연히 이와 같은 복지경영의 '고객 가치' 개념에는 일반 경영 분야에서의 '고객 가치' 에서 핵심적인 요소인 '원하는 가치(desired value)' 와 '지각된 가치(perceived value)' 가 기본적으로 전제한다. 이를테면 사회적으로 인정받는 사회복지 시설에서 수행하는 프로그램에 참여하는 서비스이용자들이 그렇지 못한 사람들보다 더 큰 자부심을 가지면서 프로그램의 효과성도 높아질 수 있음을 예로 들 수 있다.

고객 가치와 서비스이용자

주목해야 할 점은 '고객 가치' 는 서비스이용자가 정한다는 사실이다. 일반 경영이나 복지경영이나 모두 다 '고객 가치' 는 서비스이용자가 '선호하는 욕구와 요구가 표현된 그 어떤 것' 이다. 이러한 '고객 가치' 는 여러 가지 형태로 표현될 수 있으며, 동시에 여러 가지 원천에서 나올 수 있다. 예를 들면 사회복지서비스의 유용성과 서비스 질, 서비스 질과 연계된 홍보나 계몽의 결과로 생긴 이미지, 얼마나 쉽게 제공받을 수 있으며 어디에서 제공받고 어느 곳에서 서비스 공급이 이루어지고 있는지에 따라 결정되는 서비스 사용 가능성, 서비스에 관련된 부가적인 서비스 등이 모두 가치의 원천이 된다.

이런 점에서 기업에서 상품을 만들어 판매하는 과정에서 작용되는 일반적인 경영과 '복지경영' 은 확실히 다르다. 무엇보다도 복지경영의 가치는 눈에 뚜렷이 보이고 실질적으로 손에 잡히는 '유형' 이 아니라 '무형' 에 가깝기 때문에 더더욱 서비스이용자 '한 사람 한 사람' 이 정의하는 가치가 무엇인지를 파악하는 일에 집중해야 하고 그것은 너무도 중요하다.

예를 들어 보자. 요즘 TV 프로그램 중에 리얼리티 프로그램에 출연하는 사람들 가운데에서 아무리 돈을 벌려고 하는 일이라 해도 문명의 혜택을 받기 어려운 오지에서 열흘 이상 여행하게 된다면 어떤 이들은 가슴 떨리는 추억으로 받아들이지만 다른 이들에게는 지옥과도 같은 고통스러운 체험이 될 수도 있는 것이다. 심지어 연예인이라고 해도 모두 다 개그맨 '김병만' 처럼 될 수는 없다.

TV 프로그램 SBS 정글의 법칙

마찬가지로 고객이 어떻게 느끼고 이해하며 받아들이고 있느냐가 중요하다. 쉽게 느낄 수 없는 것이지만, 가장 확실하고도 중요한 사실은 결국 '고객 가치' 란 어떤 한 사회복지 조직이나 기관이 하는 일에 의해서가 아니라 그 사회복지 조직의 서비스를 정부의 지원 혹은 누군가의 후원 등에 의해 제공받든지 간에 서비스이용자가 경험하는 서비스에 대한 '인식과 만족의 정도' 에 의해서 정의된다는 점이다.

이것이야말로 사회복지 리더들과 사회복지사들이 무조건적으로 사회복지의 본질적인 가치들만을 사회복지실천의 목적으로 삼아서는 안 되며, 반드시 서비스이용자의 '고객 가치' 를 함께 반영해야 하는 분명한 당위성을 말해준다. 오히려 '고객 가치' 는 실제로 사회복지 조직의 기본적인 실천 원칙을 상기시켜 준다. 또한 이는 사회복지 조직이야말로 서비스이용자의 권리와 욕구를 충족시키기 위한 목적을 달성하기 위한 수단이지 사회복지 조직 그 자체가 목적일 수 없음을 말해 주는 것이기도 하다.

사회복지 조직은 조직 밖에 있으면서 사회복지 조직으로부터 서비스를 받는 서비스이용자들의 필요를 충족시키기 위해 존재하는 것이다. 이를테면 주거시설에서 생활하는 서비스이용자도 엄밀하게 말하면 사회복지 조직에 속한 사람들이 아니며 주거시설에서 사회복지 서비스를 제공받는 서비스이용자인 것이다. 그래서 사회복지 조직을 경영하는 리더들이 가져야 할 책무 중에 하나는 이러한 '외부 지향성' 을 잊지 않도록 사회복지사들을 지속적으로 격려하고 사회복지실천의 본질을 상기시켜 주는 일이다.

끊임없이 사회복지실천의 본질을 일깨워 주는 것은 반드시 필요한 일이다. 왜냐하면 사회복지 조직 내부에 있는 사회복지사들도 시간이 흐르다 보면 자신도 모르는 사이에 그들이 하고 있는 업무에만 몰입되어 그들이 개발하고 시행하는 복지 서비스에만 집중하고 정작 서비스이용자들은 도외시하는 경향이 있기 때문이다. 물론 어떤 일을 제대로 하기 위해 집중하는 것은 자연스러운 일이다. 그러나 보다 더 중요한 사실은 어떤 일이 제대로 되었는가를 결정짓는 점검은 오직 하나라는 것이다. 바로 서비스이용자들이 복지서비스가 정부의 지원이나 그 누군가의 후원으로 제공될 때에, 그 제공받는 서비스에 만족하고 있느냐이다.

결국 서비스이용자가 자신에게 필요하다고 생각하는 서비스가 제공되었을 경우에 사회복지 조직의 서비스 개입 이후에 그 성과를 실질적으로 얻을 수 있다. 실제로 사회복지 조직이 어떤 성과를 내느냐 하는 것은 사회 전체로 볼 때에 매우 중요하다. 왜냐하면 사회복지서비스는 국가와 국민의 지원과 합의를 근거로 해서 제공된 사회자원의 하나이기 때문이다. 따라서 사회복지실천에는 공익성과 책무성이 따른다.

국민이 낸 세금으로 사회복지실천이 수행된다는 점을 잊어서는 안 된다. 하지만 사회복지 조직이 성과를 내는 것은 쉽지 않다. 어떤 면에서는 영리적인 목적으로 운영되는 기업의 경영자들이 성과를 내기가 사회복지 조직보다 훨씬 더 쉽다고 할 수 있다. 그들이 산출하기 위해 애쓰는 경제적 가치라는 것은 사회복지에 비해 정의하거나 측정하기가 훨씬 쉽기 때문이다. 기업이 '고객 가치' 를 창출하고 이를 극대화하도록 규율하는 '시장' 과 같은 강력한 힘과 영향력이 사회복지 조직에까지 강력하게 작용하기란 어려운 것이 현실이다. 단지 사회복지 조직에는 사회복지적인 '가치' 와 '사명' 이라는 규율을 스스로에게 부과해서 성과를 내게 해야 하는 어려운 과제가 주어져 있다.

그래서 사회복지 조직은 끊임없이 까다로운 질문들을 스스로 해봐야 한다.

- 사회복지사로서 사회복지 조직에서 일하고 있는 우리의 사명은 무엇인가?
- 우리가 일하면서 파악하려고 하는 독창적인 '고객 가치' 란 무엇인가?

- 우리의 사명을 완수하는 데 누가 도와줄 것이며 어떻게 하면 서비스이용자들과 우리를 돕기 위해 다가오는 지지 및 지원 체계들과의 '이해관계'를 우리의 사명과 조화시킬 수 있는가?

결국 사회복지실천을 효율적으로 수행하기 위해서는 서비스이용자의 '고객 가치'를 기초로 하면서도 동시에 서비스이용자만이 아니라 사회복지 조직의 '본질적인 가치'와 '사명'이 사회복지실천 서비스를 이끌어가야 한다는 이야기이다. 그 어떤 어려운 선택을 해야 한다 해도 사회복지 조직을 경영하는 리더가 올바른 결정을 내릴 수 있는 가장 현실적인 대안은 조직의 사명에 충실히 임하는 것이다. 그렇다면 '고객 가치'는 언제, 어떻게 반영할 수 있는가? 참으로 어려운 숙제임에 틀림없다.

더욱이 사회복지 조직을 경영하기 힘든 이유는 고객이라 할 수 있는 서비스이용자들이 영리를 목적으로 하는 일반 기업에 대해 보이는 것과 같은 명백한 반응을 잘 나타내지 않는다는 데에 있다. 대부분의 사회복지 조직에서는 그 조직에 돈을 내는 사람과 그 조직으로부터 혜택을 받는 사람 사이에 아무런 관련이 없다. 즉, 국민이 낸 세금으로 정부와 지자체에서 보조금을 지원해서 사회복지실천이 수행되거나 누군가의 후원금으로 사회복지서비스가 이루어진다.

그러다보니 많은 기부자들이 요구하는 것은 내가 낸 돈이 어떻게 사용되는지에 대한 신뢰성이다. 당연히 정부 지원금도 성과 기준으로 지급되는 방식으로 급격하게 바뀌고 있다. 사회복지실천이 분명 시장 규율이 없는 분야이기는 하지만 사회복지 리더들은 본질적 가치와 사명이라는 규율을 견고하게 세우면서 '고객 가치'도 효과적으로 활용해야 하는 것이다.

사회복지 조직과 비즈니스 모델

바로 그런 면에서 일반 경영 분야에서 폭넓게 활용되고 있는 '비즈니스 모델' 은 복지경영 전반에도 시사하는 바가 크다. 그렇다면 비즈니스 모델(business model)이란 무엇인가?

비즈니스 모델이란 회사나 조직이 고객과 모든 이해 관계자들을 위해 어떻게 '고객 가치' 를 창출하고 어떻게 성과를 낼 수 있을지 그 방법을 담아 놓은 것이라고 할 수 있다. 그런데 기업 경영에서 가장 두드러지게 나타나는 '고객 가치' 는 두말할 것도 없이 수익 창출이다. 그러므로 비즈니스 모델에 대한 수많은 정의가 존재하지만 간략한 의미에서의 비즈니스 모델이란 기업이나 조직에서 어떠한 방식으로 수익을 만드는지에 대한 수익 체계라고 할 수 있다. 결국 비즈니스 모델은 한마디로 돈을 버는 방법을 뜻한다.

예를 들어 애플사에서 제작한 아이팟(iPod)과 같은 음원 플레이어는 단순히 기계(제품)를 판매하는 것으로 수익을 창출하는 것에 그치지 않고, 음원을 구매할 수 있는 아이튠즈(iTunes)와 같은 음원 서비스를 함께 제공함으로써 제품과 서비스를 한데 묶어, 수익성이 높은 서비스의 지속적인 구매로 이어지는 번들링(bundling) 수익 체계를 갖고 있다. 또 다른 예로는 이케아(IKEA)의 경우인데, 이케아는 다른 가구 경쟁사들과 달리 가구를 배달하고 조립해주는 서비스 비용을 없애고, 그에 해당하는 비용을 제품의 가격에서 제외하여, 보다 저렴한 가격으로 가격 경쟁력을 높일 수 있는 비즈니스 모델을 추구한다.

이상에서 예로 든 비즈니스 모델이 성공적이라고 인식된다면 그와 같은 비즈니스 모델을 갖고 있는 기업 주변에는 이익을 보려는 수많은 투자자들로 인산인해를 이룰 것이다. 자연스럽게 좋은 비즈니스 모델은 창업자들이 자금 유치를 정당화하는 것은 물론이며, 기업의 수익 창출체계 및 과정에 대한 인정과 그에 대한 신뢰도 포함되어 있다.

한편 성공적인 비즈니스 모델이란 지금 있는 다른 대안들에 비해 훨씬 좋은 방법을 제시하는 것이기도 하다. 특정한 고객이나 서비스이용자 집단에만 좋은 것일 수도 있으며 예전의 방식을 완전히 뒤바꾸는 것일 수도 있다. 그래서 다음 세대의 리더들이 넘어서기 위해 도전하는 하나의 기준이나 표준이 되기도 한다. 실제로 많은 새로운 비즈니스 모델은 만족되지 않는 필요에 대한 통찰로부터 시작되었다.

그렇다면 사회복지 조직에도 비즈니스 모델이 필요할까? 물론이다. 사회복지 조직도 '고객 가치'를 창출해야 한다. 공공 사회복지서비스 전달체계에서 사회복지 시설에 이르기까지 사회복지 조직도 이제는 생산성을 확보해야 한다. 기업과 같이 돈을 버는 것에 초점을 두는 것은 아니지만 사회복지 조직도 사회복지실천을 효과적이며 효율적으로 수행하기 위해 재원과 다양한 사회자원들, 특히 인적 · 물적 자원들을 발굴해서 활용해야 한다.

이제 사회복지 조직의 비즈니스 모델은 모든 사회복지 조직과 시설, 기관 등이 '시장'에서 공용하는 전반적인 비즈니스 모델이 아닌, 지역별로 지역의 필요와 특성에 맞는 자체적인 비즈니스 모델을 개발하고 도입해 나가야 한다. 사회복지 조직의 독특성(unique)을 반영한 차별화(differentiate)된 비즈니스 모델을 구축하기 위해서는 사회복지 조직의 비전과 사명이 온전히 반영되고 녹아있는 경영적 가치가 포함되어야 한다.

마이크로소프트 창립자이자 세계 1위의 부자

빌 게이츠

1998년 MS 캠퍼스에서 빌 게이츠 회장을 만난 기자가 질문을 던졌다.

"당신에게 가장 두려운 장애물이 무엇인가요?"

실패하는 것?
빚을 지는 것?

사람들은 빌 게이츠의 대답을 예상했다. 하지만 전혀 예상치 못한 대답이 나왔다.

"누군가 차고에서 전혀 새로운 무언가를 개발하고 있지 않을까 두렵군요."

글로벌 기업 CEO를 대상으로 설문조사를 실시한 결과, 약 70%의 기업들이 기존 비즈니스 모델을 혁신하기 위해 준비 중이라고 답변했다. 기업의 존재 의의는 수익을 남기는 것이지만 또한 사회에 기여하고 생존, 성장하는 것이다. 인터넷은 사람들에게 보다 싸고 쉽게 제품을 구입하고 팔게 만들었고 기존 비즈니스 모델을 대항한 새로운 형태의 비즈니스들이 쏟아지고 있다. 시장은 이미 포화상태인데 고객은 계속 새로운 욕구에 눈을 뜨고 기업은 그에 대응하지 않으면 금세 사라지고 마는 상황이다.
1위 기업들은 지금의 위치에 만족할 수 없으며, 안주하는 즉시 위기가 다가온다는 걸 알기에 새로운 비즈니스 모델을 개발하고 있다. 또 한편에서는 새로운 혁신으로 세상을 놀라게 하기 위한 미래의 스티브 잡스들이 차고에서 열심히 자신의 아이디어를 다듬고 있다.

| 출처 | 네이버 카페 '대한민국 인재개발원'
(http://cafe.naver.com/koreanhrdacademy/1614).

그런 맥락에서 사회복지 조직에서의 비즈니스 모델이란 서비스이용자의 욕구에 부합할 뿐만 아니라 서비스이용자가 선호하는 성공적인 사회복지실천을 수행하기 위해 필요한 돈과 사회자원 등을 모으는 특화된 전략과 방법이라고 할 수 있다.

한편 사회복지 조직의 비즈니스 모델에 들어 있어야 할 중요한 요소가 있다. 바로 사회복지실천을 통해 실현하고자 하는 목적과 목표 달성을 향한 강력한 '동기 부여' 가 그것이다. 이는 어떻게 서비스이용자의 '고객 가치' 를 충족시키면서도 사회복지적인 사명을 완수할 것이며 나아가 어떻게 사회적 가치를 창출해서 돈과 자원을 확보할 것인가에 대한 통찰을 제공하는 일이다. 그와 동시에 사회복지 조직에서의 비즈니스 모델은 필요한 재원을 어떻게 끌어 모을 것인가를 구체적으로 설명할 수 있어야 한다.

본 장을 마무리하면서 '혁신적인 사회복지 비즈니스 모델' 로 볼 수 있는 "사회복지법인 밀알복지재단 '굿윌' 사업: 굿윌스토어" 를 소개하고자 한다. 기존 장애인 직업재활과는 차원이 다른 '굿윌스토어 비즈니스 모델' 은 앞으로 우리나라 사회복지 조직이 참고해 볼만한 창의적이며 현실적인 통찰로 다가온다. 사용하지 않는 물건을 '굿윌스토어' 에 기증하면 그것들을 재가공하여 다시 판매하게 되는데 그 모든 작업과정에 장애인 근로자를 채용하여 근무하게 하는 원리이다. 결과적으로 장애인의 일자리가 생기는 것이다.

사회복지법인 밀알복지재단 '굿윌' 사업

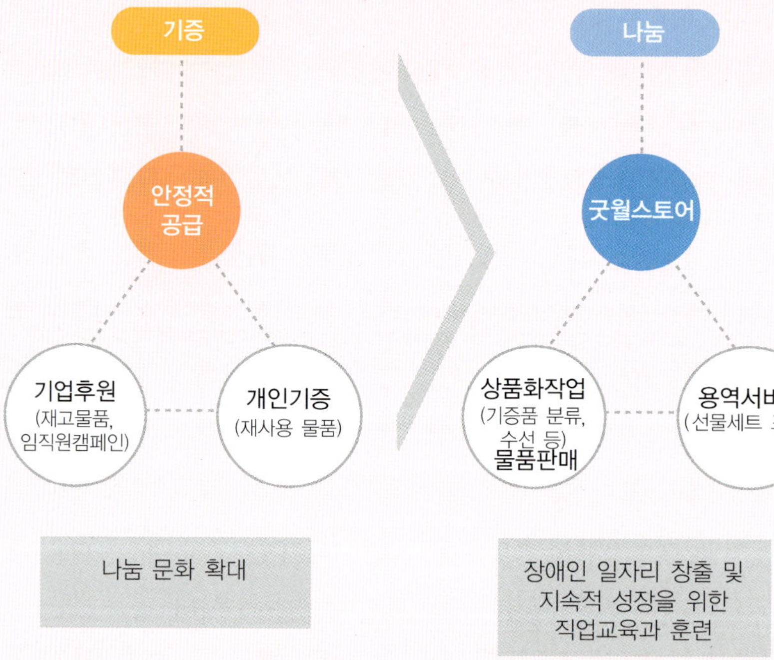

굿윌스토어 비즈니스 모델

기부(개인 · 기업 등) → 재가공 · 판매를 통한 자원 재활용, 대기업 하청용역 등 → 장애인 등 취약계층 직업재활교육 → 지속적 수익창출 통한 재투자로 일자리 창출 확대

Chapter 3

전략:
선택과 차별화

지혜, 진실, 성실, 정직, 사랑의 자세로

끊임없이 스스로를 돌아보는 사회복지가가 되자!

사회복지 조직에서도 전략이 필요한가?

물어볼 필요도 없이 필요하다고 대답할 수밖에 없는 우문(愚問)이지만 불과 십여 년 전까지만 해도 우리나라의 사회복지 조직은 경쟁과 시장의 압박을 거의 받지 않는 것처럼 여겨진 시기가 있었다. 사회복지 조직에서 일하는 사회복지사들과 사회복지실천에 참여하는 기부자 혹은 후원자, 자원봉사자들은 좋은 일을 한다는 의식 속에서 봉사했고, 또 일했다. 그러니까 헌신하며 봉사하기 위해서 일한 것이지 다른 사회복지 조직이나 시설들 그리고 사회복지실천 분야와 관련된 여타의 '휴먼서비스 기관들' 과 경쟁하기 위해서 일하지는 않는다고 인식해 왔다.

치열한 생존 경쟁 속에서 기업이나 자영업 분야에서 일하는 사람들이 살아남기 위해 사투를 벌이는 것과는 달리 사회복지 조직은 사업성과에 대한 고민을 해야 할 필요가 없었다. 정부 보조금과 후원금, 자원봉사 등으로 헌신적인 사회복지 활동을 그저 열심히 하기만 하면 되었다. 기본적으로는 정부 보조금에 의해 사업들이 진행되었고, 지자체의 공공 사회복지서비스는 기초생활수급자를 돕는 일을 중심으로 정부의 지침에 따라 예산을 집행해서 실시하면 되었다. 지역사회복지관을 비롯한 대부분의 사회복지 시설들도 보건복지부에서 하달해 주는 지침에 의해서 해야 할 사업들을 수행하면 끝이었다. 그래서 사회복지실천은 어렵고 소외된 이웃을 돕는 것이지 누군가와 경쟁한다고는 생각하지 않았었다.

하지만 사회복지서비스에 대한 품질 평가가 확산되고, 중앙정부 내의 여러 사회복지 조직들은 물론이고 지자체 산하 조직들 간의 성과 비교와 평가, 사회복지 시설과 다양한 형태의 사회복지 기관들을 포함하여 사회복지 조직 자체의 효율적인 운영에 대한 책무성이 강조되면서 사회복지 조직도 경쟁의 논리에서 벗어나기 어렵게 되었다. 더욱이 노인장기요양보험제도를 비롯하여 다양한 사회서비스 등이 시행되고 정착되면서 사회복지실천의 기능을 갖고 있는 '민간 사회복지 사업자' 들[1)]이 현장에 대거 유입되고부터는 기존의 사회복지 조직들과의 서비스 품질 경쟁이 심화되는 상황이다. 이에 따라 이제는 실천개입을 잘 하는 사회복지 시설에는 정부 보조금과 각종 지원금이 더 늘어나야 하며 그렇지 못한 곳에는 기존의 혜택을 줄일 필요가 있다는 사회적 공감대가 확산되고 있다.

이러한 가운데 일부 사회복지 조직이나 시설 등에서는 과연 시장에서 경쟁을 하면서도 사회복지적인 사명을 제대로 감당할 수 있겠는가에 대한 불만이 터져 나오기도 한다. 이들은 사회복지실천 현장에서 시장 경제 원리가 작동되는 것 자체에 대해 문제제기를 한다. 사회복지실천은 국가가 책임지는 사회보장적인 서비스이기에 경쟁이 일어나서는 안 된다는 논리를 편다.

그러나 경쟁과 사명을 양자택일적인 것으로 생각해서는 안 된다. 전략은 차별화를 통해 더 나은 성과를 내기 위한 것이다. 이렇게 볼 때, 전략은 사회복지 조직을 움직이는 사명 의식과 오히려 조화를 이뤄낼 수 있어야 한다. 즉, 전략은 사회복지 조직의 비전과 사명을 달성하기 위한 '통로' 이자 '첩경' 이라고 할 수 있다. 특히 경쟁하는 다른 대안에

1) 가령 '재가요양센터' 나 '바우처 사업' 등과 같은 사회복지실천의 기능을 갖고 있는 휴먼서비스를 운영하는 전문 경영인들을 들 수 있다.

비해 훨씬 나은 성과를 올린다는 전략의 목표는 사회복지 부문의 서비스에 대한 수요가 엄청나, 이 부분에서 공급 과잉이란 말을 꺼내는 것이 아주 무례한 것으로 받아들여질 수밖에 없는 우리나라의 현실에서는 오히려 반드시 필요한 것이다.

아무리 OECD 국가라 하고, 선진국 문턱에 있다고 자랑해도 여전히 복지선진국들과는 복지 격차가 존재하는 중진국(정말 안타깝지만!)이면서 아직도 사회복지 재원과 자원이 제한된 우리나라에서는 그것이 노인을 돌보는 요양서비스이든 장애인을 위한 사회복지실천이든 아니면 지역사회를 행복한 공동체로 만드는 지역사회 조직화 사업이든 사회복지실천을 위해 단 돈 1원을 쓰더라도 거기서 사회적 이득을 극대화해야 하는 것이다. 왜냐하면 그나마 지금 쓰고 있는 돈도 국민의 피와 땀이 어린 세금으로 이루어지고 있기 때문이다.

그 귀한 돈으로 사회복지실천을 하고 있다는 의식을 가지게 될 때, 기업에서 고민하고 애쓰는 것처럼, 즉 비즈니스 전략이 어떻게 하면 차별화함으로써 더 잘할 것인가를 다루는 것처럼 사회복지 조직의 전략도 어떻게 더 효율적으로 돈과 자원을 잘 사용해서 서비스이용자들에게 실질적인 도움을 줄 수 있는지에 대한 독창적인 접근을 해야만 우리 사회를 위해 더 나은 결과를 이끌어낼 수 있다.

주목해야 할 것은 어떤 비즈니스도 모든 사람을 대상으로 모든 것을 다 팔 수는 없듯이 사회복지 조직도 무엇을 할 것이냐 그리고 똑같이 중요한 수준으로 무엇을 하지 않을 것이냐에 대해 아주 중요한 결정을 내려야 한다. 그것이 바로 복지경영의 전략인 것이다.

선택하기

마이클 E. 포터(Michael E. Porter, 1996)에 의하면 전략의 핵심적인 기능은 '무엇을 해야 하며 무엇을 하지 않을 지를 선택하는 것' 이다. 그리고 이와 같은 전략의 기능을 극대화함으로써 결국 전략은 '탁월한 성과를 내는 논리' 라고 할 수 있다(Porter, 1996).

전략은 어떤 조직에서든 성과를 내느냐 마느냐를 좌우하는 핵심 요인이다. 전략은 조직과 그 속에서 일하는 직원들이 성과를 내게끔 인식을 구조화시키는 '사고의 틀' 이 된다. 흔히 전략적인 사고는 그 조직과 소속된 직원들이 달성하고자 하는 특정한 목적과 이를 이루어 나가는 데 꼭 필요한 돈과 자원들을 하나의 체계처럼 잘 설명해 주는 비즈니스 모델이 있어야 시작될 수 있다.

그러나 전략은 비즈니스 모델보다는 더 멀리 바라보아야 하고, 더 넓게 포괄할 수 있어야 한다. 당장 눈앞의 이익이나 이해관계에 빠져서는 안 된다. 보다 중장기적인 안목이 필요하다는 의미이다. 그런 맥락에서 사회복지 조직이 이제는 백화점식으로 이것저것 다하는 방식보다는 각각의 사회복지 시설들과 기관들이 독창적으로 특화시킨 사업이나 프로그램을 수행할 수 있도록 선택과 집중에 노력을 기울여야 한다. 지역마다 특성화된 사회복지실천들이 나타나야 한다.

가령 화성시니어클럽이 2008년에 처음 오픈해서 2015년 7월 현재 22호점을 낸 '노노(老NO)카페' 를 들 수 있다. '노노(老NO)카페' 는 지자체인 화성시가 공간을 제공하고, 화성시니어클럽이 노인 바리스타를 양성해서 인력 확보와 실질적인 운영을 하며, 처음 카페를 시작할 때

인테리어와 필요한 기구 등을 화성시 관내기업인 기아자동차가 후원해서 하는 노인일자리사업이다. 바로 이 '노노(老NO)카페' 야말로 독창적이며 성공적인 노인일자리사업 유형의 노인복지실천이라 할 수 있다.

화성시니어클럽 '노노(老NO)카페'

화성시니어클럽 비즈니스 모델

화성시니어클럽의 주력사업인 '노노(老NO)카페'는 시니어클럽이 문을 연 2008년 이후로 2015년 7월 현재까지 총 22호점을 설치하여 성공적으로 운영해나가고 있다.

여기서 한 걸음 더 나아가 2018년까지 노노카페를 100호점까지 설치하고 노인일자리를 1,000여 개 만들어낸다는 목표로 지속가능한 성장 모델을 갖춰나가고 있다.

차별화하기

정부나 지자체로부터 기초생활수급비를 지원받거나 최소한의 도움을 받는 경우를 제외하고는 점차 사회복지실천 현장에서도 서비스이용자들이 스스로 판단해서 복지 소비자로서 서로 경쟁하는 여러 가지 대안 가운데 하나를 제공받는 복지서비스로 선택하는 경우가 늘어나고 있다. 그런 서비스이용자의 선택은 장애인의 경우, 보다 분명해진다. 이를테면 활동보조인을 장애인이 스스로 선택한다든지, 바우처로 활용하는 재활서비스기관이나 전문가를 선택하는 일이 일상생활이 되고 있는 것을 들 수 있다. 사회복지 시설이나 기관으로부터 복지서비스를 받을 때에도 이제는 서비스이용자들이 적극적으로 선택하는 일이 빈번해지고 있다.

특히 서울을 비롯한 대도시의 경우에는 지하철이나 대중교통을 이용하기가 편리해지면서 접근성과 이동성이 크게 개선되었다. 그 결과로 서비스이용자의 선택의 폭이 과거보다 많이 좋아졌다. 그래서 사회복지 조직의 입장에서는 대안이란 언제든 존재하는 현실을 마주하게 된 것이다. 사회복지서비스 제공을 어느 한 시설이나 기관이 그 지역사회에서 독점하는 시대는 지나갔다.

이는 지원하거나 봉사할 사회자본과 투입할 재능을 가진 사회복지사들에게도 똑같이 적용된다. 어떤 하나의 사회복지 조직이 사회복지사나 서비스이용자, 자원봉사자, 후원자 모두에게 미래의 발전 가능성을 제시하지 못하거나 혹은 서비스이용자의 권리를 보장하고 그들의 변화를 추구하려는 사회복지적인 가치를 선명하게 드러내 주지 못할 경우에는 나아가 전문가로서 발전할 기회나 슈퍼비전 등이 사회복지사들에게 주어지지 않는다면 사회복지 조직을 발전시키는 데 도움이 될 돈과 인재는 다른 곳으로 가고 말 것이다.

그러므로 사회복지 조직도 이제는 차별화된 전략을 세워야 하는 것이다. 그러면 어떻게 차별화시킬 것인가?

첫째, 사회복지 조직으로서의 특화된 가치를 창출해야 한다. 본질적인 사회복지 가치에 기초하되 그 조직이 있는 지역사회의 여건과 문화적 상황, 서비스이용자의 '고객 가치' 등에 부합하는 고유한 사회복지 실천 가치를 구현해내어야 하는 것이다. 경쟁 세계에서 제대로 가치를 창조하는 것은 탁월한 성과를 올리기 위해 필요한 첫 번째 단계임을 명심해야 한다.

둘째, 잘할 수 있는 계획과 실행방법을 고안해 내어야 한다. 사회복지 분야도 점차 경쟁이 치열해지고 있기 때문에 서비스이용자들이 선택할 수 있는 다른 대안들에 비해 월등하지 못하면 안 된다. 더 잘한다는 것은 쉽게 말하면 남과는 다른 것 즉 차별화해야 한다는 것을 말한다. 다른 사회복지 조직이나 여타의 휴먼서비스 기관들이 손쉽게 모방할 수 없는 독창적인 방식으로 꼭 필요하면서도 아무도 하지 않는 것을 선구적으로 수행할 때에 남보다 뛰어난 성과를 올릴 수 있다. 이런 맥락에서 보면 전략이란 바로 '남과 다르게 어떻게 하면 잘 할 수 있는지를 나타내는 활동 계획과 방법이라고 할 수 있다. 즉, 전략이란 다른 사람들과는 다르게 확실한 행동을 취하기 위한 계획이면서 동시에 실행방법인 것이다.

셋째, 분명한 목표의식에 근거한 전략적 선택이 있어야 한다. 차별화함으로써 더 잘할 수 있다는 사고의 기본적인 전제는 서비스이용자들과 사회복지사들, 후원자들과 자원봉사자들이 이미 여러 대안이 있는 세상에 살고 있다는 사실이다. 뚜렷이 드러나든 그렇지 않든 간에 사회복지 조직들도 기업과 국가와 마찬가지로 전략적 선택을 통해 여러 가지 선택 가능한 대안 가운데 무엇을 목표로 할 것인지, 어떻게 조직을 구성할 것인지 등을 결정하게 된다. 즉, 전략적 선택이란 어떤 고객과 시장을 상대할 것인지 어떤 상품과 서비스를 제공할 것인지, 어떤 가치를 창출할 것인지를 택하는 것이다. 이런 전략적인 선택이 잘 이루어지면 사회복지 조직도 다른 경쟁자들보다 훨씬 나은 성과를 낼 수 있다.

전략의 핵심적인 다섯 가지 요소

전략이란 어떤 의미에선 과학적이며 기술적인 것이다. 가령 기업 경영에서 말하는 비즈니스 전략의 밑바탕에 깔린 논리는 아주 간단하다. 한 회사의 이익이란 매출에서 비용을 뺀 나머지이다. 그렇다면 한 회사가 다른 회사보다 나은 성과를 내는 방법은 두 가지이다. 고객들이 더 비싼 값을 치르게 하든가 아니면 더 적은 비용으로 사업을 운영하는 것이다. 이런 두 가지 중에 하나를 하려면 다른 기업과 다르게 해야 한다. 그렇지 않다면 어떻게 더 비싼 값을 매기거나 아니면 더 적은 자원으로 운영할 수 있겠는가? 이것이 탁월한 성과를 가능케 하는 기초적인 접근인 것이다(Magretta, 2002; 권영설 · 김홍열 역, 2004).

사회복지 조직에서의 전략도 마찬가지라고 볼 수 있다. 이상에서 심도 있게 다룬 '선택하기' 와 '차별화하기' 도 결국은 비즈니스 전략에서 다루는 것과 유사하다. 따라서 사회복지 조직에서의 전략(strategy)이란 경쟁적 우위와 핵심 역량을 갖추기 위한 통합적이고 조직적인 활동과 책무라고 정의할 수 있다. 이는 경쟁자와 비교했을 때에 독창적이고 차별화를 갖추는 것이 핵심적인 요소라고 할 수 있다.

전략에 대한 개념을 이렇게 설정할 때에는 전략의 핵심적인 5가지 요소는 다음과 같다(Porter, 1996).

첫째, 핵심 역량(core competency)이다. 이는 사회복지 조직의 내부 분석을 통해 조직이 갖고 있는 대표적인 강점으로 사회복지실천 현장이라는 '사회복지 시장' 을 선도해갈 수 있는 요소이다. 핵심 역량은 사회복지 조직이 갖고 있는 능력과 역량의 가치 사슬(value chain)에서 도출할 수 있다.

둘째, 경쟁적 우위(competitive advantage)이다. 경쟁적 우위는 시장에 속한 경쟁자들이 모방할 수 없는 그 무엇(제품, 서비스, 가격 경쟁력, 유일한 자원 등)을 말한다. 모든 것은 모방될 수 있지만 시간과 비용이 발생한다. 경쟁적 우위는 시장의 리더가 될 수 있는 핵심적인 요소로 작용하기 때문에 모든 기관은 경쟁적 우위를 갖기를 원한다.

셋째, 독창성과 차별화(unique and different)이다. 경쟁이 난무하는 시장에서 가장 필요로 하는 요소는 바로 사회복지 조직이 갖고 있는 독창성과 차별화라고 할 수 있다. 독창적이고 차별화된 서비스를 개발하고 제공하는 것이야말로 시장에서 유리한 위치에 있을 수 있는 핵심적인 요소라고 볼 수 있다.

넷째, 역량과 자원 관리(managing capabilities and resources)이다. 사회복지 조직의 역량과 자원은 내부 분석을 통해 측정할 수 있다. 훌륭한 자원은 사회복지 조직의 역량과 능력을 기반으로 만들어질 수 있다. 하지만 여기서의 핵심은, 자원은 단순히 구입 혹은 매입할 수 있지만, 조직 혹은 시설이나 기관의 역량은 경영을 잘 해야지만 갖출 수 있는 요소라는 것이다.

다섯째, 언제 시장에서 나올 수 있는지를 아는 것(knowing when to exit)이다. 시장 혹은 해당하는 서비스 분야가 '무르익었을 때' , 사회복지 조직이 제공하는 곳에 속해 있는 시장 혹은 서비스 분야에서 나오는 시기를 아는 것은 수익이나 효과성을 극대화할 수 있는 훌륭한 전략이 될 수 있다.

이러한 전략적 요소들은 오늘날 우리나라의 사회복지실천 분야에서도 꼭 활용되어야 할 것으로 판단된다. 물론 그 무엇보다도 우선적으로는 사회복지 조직의 비전과 사명, 가치가 무엇인지를 명확히 정립한 이후에는 그 비전, 사명, 가치를 '거울' 삼아 이상에서 설명한 다섯 가지의 전략적 요소들을 비춰보며 활용할 수 있어야 할 것이다. 이는 또한 지속적인 실천개입 이행 여부에 있어서 옳은 판단을 할 수 있는 잣대도 될 것이다.

Chapter 4

조직:
구조와 범위

업무를 대하는 태도와 삶의 태도는 결코 다르지 않다.

겸손하고 바른 자세로 서로를 대하자.

동료 간에는 서로 인정하고 존중하며,

아랫사람에게는 바른 가르침을,

윗사람에게는 존경을 표현하자.

그리해야 우리의 실천도 바른 서비스로 서비스이용자에게 전달될 것이다.

조직이란 말은 관념적이거나 이론적인 단어가 아니다. 더욱이 사회복지 조직은 사회복지실천을 현실화시키는 구체적인 힘이며 도구일 뿐만 아니라 근거가 되는 실재이다. 사회복지 조직을 포함하여 모든 조직은 조직이 존재하는 이유라 할 수 있는 조직의 사명과 조직을 통해 이루고자 하는 성과를 최대한 산출하기 위해 끊임없이 진화해간다. 결국 조직의 변화는 부수적이거나 선택적이 아니라 본질적이며 필수적인 현상이다. 모든 조직은 변화해 간다. 스스로 변하지 않으면 타의에 의해서 변화가 강제되기도 한다.

조직 변화에 대한 고민

'어떤 모습으로 조직을 변화시켜야 할까?' 라는 단순한 '물음' 만큼 지극히 추상적인 질문도 없을 것이다. 흔히 뭔가 조직이 잘 작동되지 않거나 유기적으로 운영되지 못한다고 느낄 때마다 조직을 경영하는 최고 리더(CEO)는 조직을 개편하겠다는 선언을 한다. 실제로 기업이나 정부의 경우에는 정권이 바뀔 때마다 또는 사회적 격변기 때마다 조직혁신 또는 조직 재구축이나 구조조정 혹은 리엔지니어링 등의 이름으로 명명되는 요란스런 작업에 필사적인 노력을 기울여왔다.

우리나라의 사회복지 조직들도 조직 개편이 과거 그 어느 때보다 최근 20~30년 사이에 크게 이루어져 왔다. 김대중 정부에서부터 시작해서 노무현 정부를 거쳐 현재 박근혜 정부에 이르기까지 사회복지 시장은 급격하게 확장되었다. 그 결과로 공공 사회복지서비스는 말할 것도 없고, 민간 사회복지실천 영역에서도 새로운 모델들과 개입 활동 등이 우후죽순으로 나타났다. 역사상 그 어떤 시대보다도 엄청나게 늘어난 그 많은 사회복지서비스들이 국민들에게 전달되는 과정에서 자연스레 서비스전달체계가 혁신되었던 것은 지극히 당연한 일이었다. 그 뿐만 아니라 다양한 사회복지 조직들과 사회복지 시설 및 기관들도 혁명과도 같은 세부 조직의 변화들을 직면하게 되었던 것도 새삼스럽지 않다.

그런데 조직의 크기와는 상관없이 그 어떤 사회복지 조직이라도 커다란 변화를 맞이하게 될 때면 그 조직의 구성원인 사회복지사들, 후원자 및 자원봉사자들, 서비스이용자들은 과거 조직이 변화되기 이전보다 훨씬 더 큰 성과를 자신의 조직에서 내리라고 기대하게 된다. 변화를 위해 치러야 했던 대가에 대한 보상이 성과에 담겨질 것으로 보는 것이다. 사실 조직의 변화는 구성원들의 희생과 인내를 요구하기 십상이다. 변화는 쉬운 일이 아니다.

사회복지 리더의 고려사항

조직의 변화를 이끌었던 사회복지 리더는 변화를 도모했던 궁극적인 목표라 할 수 있는 성과 산출에 대한 책임을 고스란히 지게 된다. 즉, 사회복지 리더는 조직의 변화에 따른 실질적인 성과를 구체적으로 내놓아야 한다. 결과적으로 복잡한 것이든, 특수한 것이든, 필요로 했던 것이든, 조직의 변화를 추진했던 노력의 결과로 뚜렷한 서비스 개입의 성과를 드러내 보여주어야 하는 사회복지 리더로서는 다음의 세 가지를 숙지해야 할 필요가 있다.

첫 번째는 무엇을 조직 내부에서 할 것이며, 무엇을 조직 외부에서 할 것인지를 정하는 것이다. 그래야만 조직의 내부와 외부에서 그리고 내부와 외부가 연결되는 부분에서 무엇을 변화시켜야 할지를 선정할 수 있다. 조직의 전부를 바꿀 수는 없기 때문이다. 설령 전부 다 바꾼다고 해도 변화의 시작은 있기 마련이다. 어디서부터 무엇을 먼저 변화시켜야 할지를 구체적이면서도 분명하게 파악하는 것이 사회복지 리더의 책무이다.

두 번째는 전체 조직이 부서별로 어떻게 나뉘고 서로 어떻게 관련되는지를 밝히는 것이다. 사회복지 조직은 그 어떤 조직보다도 각각의 업무 영역이 복잡하게 연결되어 있다. 이를테면 지역사회복지관의 홍보 담당 부서와 재가복지 부서를 생각해 보자.

복지관의 홈페이지와 소식지 등을 관리하는 홍보팀과 지역사회에 있는 서비스이용자들을 찾아가서 만나는 업무를 주로 담당하는 재가복지팀은 언뜻 볼 때는 명확하게 구분되어 보이지만 실제로 활동의 성격을 들여다보면 결코 두붓모 자르듯이 나눌 수 없게 된다. 재가복지팀에서 발굴한 위기개입 사례가 다양한 사회자원을 연계해서 해결해야 한다고 할 경우에 이는 홍보팀에서 지역사회의 여러 자원들이 연결될 수 있도록 사례를 알리는 일을 해주어야 한다. 결국 지원하고 해결해야 할 위기개입 사례에 재가복지팀과 홍보팀이 함께 참여하게 되는 것이다. 사실은 이 두 팀만이 아니라 필요할 때에는 복지관 내의 다른 부서들도 함께 활동해야 할 때가 빈번하다.

이렇게 사회복지 조직은 서비스이용자의 권리와 욕구를 충족시키기 위해서라면 모든 세부 조직이 유기적으로 엮여 있다고 보아야 한다. 따라서 조직을 개편하거나 변화를 주고자 할 때는 전체 조직을 펼쳐놓고 각 세부 조직들 간의 업무들이 얼마만큼 연결되어 있는지를 면밀히 살펴야 한다. 가령 세부 조직들을 묶어서 통합적인 새로운 조직을 형성하려고 한다면 이전의 나누어져 있었던 세부 조직들의 역할과 기능이 부분적으로 약화되거나 방치되지 않도록 세심하게 파악해야 한다. 각각의 조직들 상호간 연계된 업무 혹은 자연스럽게 협력되어왔던 일들을 구체적으로 살펴야 한다.

세 번째는 거의 눈에 띄지 않지만 언제나 중요하게 작용하는 권한의 범위와 수준을 결정해야 하는 것이다. 이는 누가 무엇을 결정할 것인지, 조직의 이면에서 일이 어떻게 진행되는지에 관한 사항이다. 솔직히 사회복지 조직에서도 여타의 조직과 마찬가지로 겉으로 드러나는 모습의 이면에 커다란 역학관계들이 존재한다. 가능한 한 투명하게 그 모든 역학관계들이 드러나야 하고, 실질적인 조직의 의사결정과 권한의 행사 등은 공식적이어야 하지만 현실은 꼭 그렇지만은 않다.

그래서 부득이하게 사회복지 리더는 다음과 같은 질문들을 구체적으로 제기해보면서 조직을 움직이고 변화시키는 힘을 발휘해야 한다. "사회복지 조직은 어떻게 세부적으로 조직되어야 하는가? 조직의 구조와 범위 그리고 수준은 어떻게 설정되어야 하는가? 더 커져야 하는가 아니면 더 작아져야 하는가? 집중화인가 아니면 다양화인가? 중앙 집중의 형태인가 아니면 지방 분권의 형태인가? 위에서 아래로 가는 체제인가 아니면 아래에서 위로인가? 조직을 왜 변화시키려고 하는가? 누가 혹은 어떤 사람들이 실질적으로 변화시킬 수 있는 능력이 있는가?"

앞서 제시한 세 가지 사항을 사회복지 리더가 충분히 고려한다면 사회복지 조직의 변화를 이끌어 내는 핵심적인 동기를 찾는 데에 큰 도움이 될 수 있을 것이다. 변화를 지향하게끔 하는 동기부여는 조직의 변화를 향한 '조직 설계' 를 하는 데에 상당한 힘이 된다. 조직을 변화시켜야 하는 '동기에 대한 분명한 인식' 은 조직을 발전적으로 개편하고자 하는 '조직 설계' 로 이어지도록 한다.

조직 설계

조직을 설계하는 것은 사회복지 조직의 전략 안에 녹아 있는 것이어서 때로는 어디까지가 전략이고, 어디까지가 조직인지를 구별해서 이야기하기가 어렵다. 조직도 변하지만 전략도 변한다. 특히 상황에 따라 탄력적으로 변화될 수밖에 없는 것이 전략이다. 이와 같이 전략이 역동적인 것인만큼 조직도 전략에 따라 역동적으로 바뀔 수 있도록 유연해야 한다. 그래서 조직을 변화시키는 것은 한 번으로 끝낼 수 있는 '한 방의 KO 승부' 가 아니다. 조직을 설계하고 그 설계에 따라 변화시키는 작업은 합당한 결과를 위해 끊임없이 노력해야 하는 점진적 과정이기도 하다. 따라서 조직을 설계한다는 것은 치열한 문제의식과 고민 끝에 신중한 결정을 내리는 작업이 병행된다. 그러므로 조직을 설계한다는 그 자체는 리더의 결단을 전제하고 있다.

그래서 사회복지 리더와 사회복지사들은 보다 나은 양질의 서비스를 서비스이용자들에게 제공하기 위해 조직을 개편하는 '조직 설계' 를 마침내 해야 할 순간이 온다. 그때 무엇보다 중요한 것은 조직이 무엇을 이루려고 하는지, 더 나은 결과를 얻기 위해 어떻게 달라질 것인가에 따라 계획해야 한다. 이때 명확한 전략이야말로 조직 설계의 청사진이 되는 것이다. 이 청사진을 통해 첫째, 어떤 하나의 사회복지 조직이 어느 정도의 크기여야 하는지, 둘째, 사회복지실천을 위한 사업과 활동 영역을 어디까지 펼쳐야 하는지, 셋째, 어떻게 조직화되어야 하는지에 대한 질문을 던지게 된다. 결국 이 세 가지 질문을 통해 규모와 초점, 구조에 대한 가장 기본적인 결정을 내릴 수 있는 것이다. 조직을 설계하는 일은 이런 질문들에 대한 현실적인 답변이 되어야 한다.

첫째, 사회복지 조직의 규모를 설계해야 한다. 사회복지 조직은 그 어떤 곳보다도 목표로 하는 비전과 사명을 성취하는 데 적합하도록 조직의 규모를 정해야 한다. 그러나 사회복지실천 분야에서는 규모라는 것 자체가 설계하기 어려운 과제이다. 수많은 사회복지 조직이나 시설, 기관들이 턱없이 부족한 돈과 사회자원을 가지고 기아와 빈곤, 질병과 같은 거대한 문제를 다룬다. 그래서 정부의 강력한 의지와 세금 투여가 불가피하다.

하지만 사회문제에 대한 제도적 개입을 정부의 재원만으로 감당하기는 사실상 불가능하다. 그러므로 사회복지 조직은 세부 조직의 기능을 효율적으로 최적화해 나갈 수 있는 규모를 설계하고 실행해야 한다. 물론 사회복지 조직의 규모는 돈이나 자원, 눈에 보이는 건물이나 기자재 등으로 모두 계산될 수는 없다. 사회복지실천이라는 활동 자체에는 자본의 논리로 설명할 수 없는 독특한 가치와 보람이 있기 때문이다. 바로 이와 같은 사회복지적인 이념과 철학이 있기 때문에 사회복지 조직의 규모를 설계할 때는 자연스럽게 사회적 영향력이라는 관점이 전제된다.

다음의 자료는 '한국월드비전' 이라는 사회복지 조직이 지향하는 가치와 조직의 규모, 그에 따른 역량의 수준에서 이루어진 사업예산의 범위를 잘 보여준다. 이와 같은 결과가 나오기까지 가장 먼저 선행된 활동이 조직의 규모와 예산의 범위를 설계하는 일이었을 것이다. 이와 같이 사회복지 조직의 규모를 설계하는 일은 그 조직이 수행하는 사회복지실천의 성과에 결정적인 영향을 미친다.

2014년 월드비전
총 지출금액(235,378,036,835원)의 89%가
어린이, 가정, 지역사회 변화를 위해 사용되다!

89%

후원개발사업비, 사무비 11% 사용

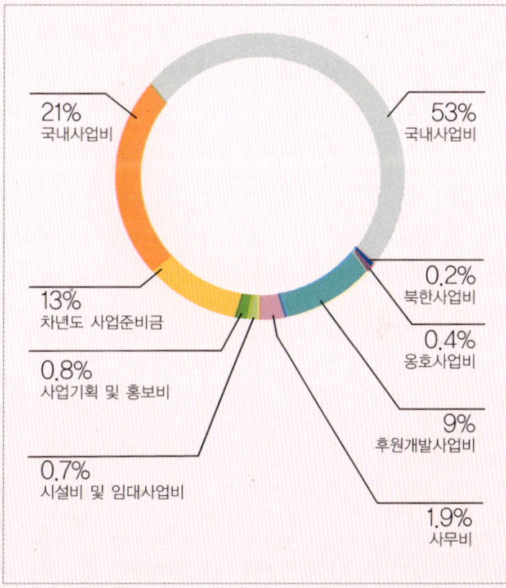

| 출처 | 한국월드비전(2015). 「2014 한국월드비전 연차보고서」.

둘째, 사회복지 조직의 구조를 결정해야 한다. 어떤 사회복지 조직에서는 상명하복의 구조가 필요한데도 그와 같은 조직의 구조가 민주적이지 않거나 사회복지적인 가치에 부합하지 않다고 보면서 도입하지

않을 수 있다. 반면에 어떤 경우에는 상당히 관료주의적인 체제를 의도적으로 활용할 수도 있다.

중요한 것은 어떻게 조직의 구조를 형성해 가든지 간에 그 조직의 사명과 비전을 가장 효과적으로 달성할 수 있는 조직 구조가 되어야 한다는 점이다.

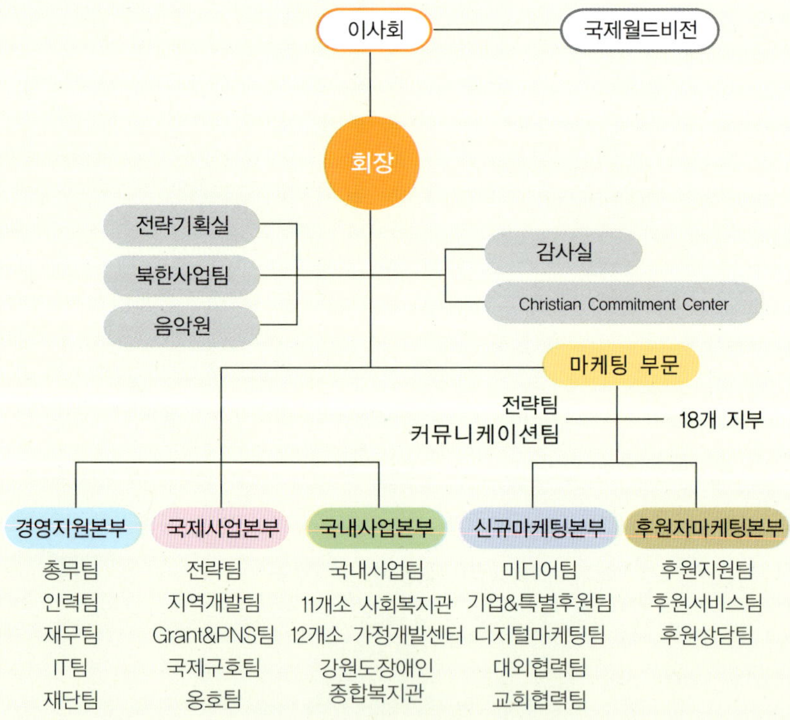

사회복지법인 월드비전의 조직 구조

| 출처 | 월드비전 홈페이지(http://www.worldvision.or.kr).

셋째, 사회복지 조직의 초점을 분명하게 해야 한다. 사회복지 조직의 규모가 어떻든, 조직의 구조가 어떤 모습이든, 사회복지 조직은 그 조직이 어떤 일을 할 것이냐 하는 점에 초점이 모아져야 한다. 많은 사회복지 조직의 경우에도 그 당시의 상황과 유행을 따라가려고 한다.

이를테면 장애인 직업재활의 일환으로 '제과 제빵' 사업이 유행하면 많은 장애인복지 시설들이 이를 따라가려고 한다는 것을 말할 수 있다. 또 다른 일례로는 어떤 사업을 아웃소싱하기로 결정하는 사회복지 시설이 많아지면 이 또한 따라 하는 시설들이 많아지는 경우이다.

변화에 대응하기

보다 나은 미래를 위해 사회복지 조직을 바꾸고, 혁신이나 개편을 위해 '조직 설계'를 한다는 것은 어쩌면 실패를 전제로 한 연습일 수 있다. 시간이 흐르고 새로운 사건이 일어나면 가장 잘 짜였다고 생각한 계획도 부득이하게 바뀌고 만다. 이런저런 방식으로 사회복지 조직은 당초 설계한 것과 다른 양상으로 성장하거나 변화하기 때문이다. 그래서 이 부서를 없애고 저 부서를 새로 만들게 될 것이다. 그리고 이러한 사회복지 조직 전체가 복잡한 체제이기 때문에 한 곳에서 일어난 변화가 전혀 의도하지 않은 결과를 다른 곳에서 낳는 것이다. 그래서 조직이라는 것은 항상 정렬 상태에서 이탈하게 되어 있다. 그 어떤 조직보다도 사회적 상황과 서비스이용자 개인의 삶의 변화에 민감해야 하는 사회복지 조직이야말로 그 많은 변화들에 대해 탄력성을 갖고 유연하게 대응할 수 있어야 한다.

또한 조직을 혁신하고 이를 위해 조직을 설계한다는 것은 이쪽에서 조화를 이루면 저쪽에서 잃게 되는, 대부분의 중요한 결정이 반드시 하나만 택하고 싶지는 않은 상황에서의 양자택일이기 때문에 허무할 수도 있다. 사회복지실천 현장에서의 그 많은 일들 중에 어느 것 하나도 소중하지 않은 것이 없기 때문이다. 모두 다 귀하기에 동시에 다 지원하고 어떻게든 힘을 더 보태주고 싶지만 주어진 예산과 사회자원의 한계로 인해 사회복지사들과 그들의 리더는 어쩔 수 없이 가장 좋은 의견이라고 판단된 바로 그 의견만을 선택하지만 선택하지 않은 것에 대한 미련을 결코 떨쳐 버리지 못한다는 것도 잘 알고 있다.

결국 양자택일의 과정에서 선택한 '조직 설계'의 계획과 그 내용을 확신하고 더욱 제대로 이해하도록 노력해야 한다. 그러면 새로운 조직을 또 다시 만들거나 아니면 그 조직을 그대로 유지하는 결과를 낳건 모든 조직의 구성원들이 더 좋은 성과를 낼 것이다.

Part II

복지경영 실행

참된 노인복지는 어르신들이 사랑과 행복의 공동체인 지역사회에서
마지막까지 당당하게 늙어가시면서 신바람나게 삶을 누리시게끔
지원하는 사회제도적이며 전문적인 개입 활동이어야 한다.

| 출처 | 화성시남부노인복지관 관보 『만사대전보』 9호, '지역사회와 연계된 돌봄 서비스' 중에서.

사회복지 조직에 변화를 일으키고 사회복지사들에게 비전과 사명을 고취시킴으로써 사회복지실천이 보다 더 효과적이며 효율적으로 서비스이용자들에게 다가가도록 하는 복지경영의 실행 과정과 각 과정에서 수행해야 하는 실질적인 내용을 정리하려고 한다.

제2부에서 다루는 복지경영의 '실행 과정과 그 내용'은 복지경영을 해야 하는 모든 사회복지 조직(예 공공 사회복지 조직, 사회복지 시설 및 기관, 사회복지 NGO 등)에서 '기본(基本)'으로 손쉽게 활용할 수 있도록 '실용적인 지침'이 되는 수준으로 작성했다.

아울러 사회복지 조직을 경영하는 리더와 그 조직에 소속되어 일하는 사회복지사들에게 혁신적인 통찰과 가치 있는 헌신을 불러일으키는 비전과 사명을 회복하게끔 애썼다. 나아가 사회복지 조직이 서비스이용자의 권리와 욕구에 기초하면서 최적의 전문성을 최대한 발휘할 수 있도록 전면적인 변화를 시도할 수 있는 참신한 제언을 내놓으려 했다.

문제는 시간이다. 하루 온종일 서비스이용자들과 만나서 그들의 현실적인 문제를 함께 부둥켜안고 지내기도 바쁜 사회복지사들에게 '혁신'이라든지 '변화'라는 이슈는 배부른 소리에 불과할 수 있다. 하지만 변화하지 않으면 금방 타성에 젖어들고 순식간에 소진되고 만다. 변화는 필요하고, 변화를 통해 조직에 새로운 활력이 불어넣어져야만 사회복지실천도 역동적으로 기능할 수 있다.

그러면 어떻게 해야 변화를 일으키기 위한 시간과 열정을 확보할 수 있을까?

복지경영을 해야 하는 사회복지 리더들이 주목해야 할 부분이 바로 이것이다.

이 일 저 일이 중간에 끼어들고, 일정은 빡빡하기 그지없고, 책임감도 시들해지며, 현실적인 계획도 부족하다 보니 자연히 비전과 사명은 시들고, 맡은 업무는 다람쥐 쳇바퀴 돌듯 늘 그저 그렇게 진행된다. '내가 왜 여기에 있지?' 하면서 지쳐간다. 결과적으로 서비스이용자에게 양질의 사회복지서비스를 제공하는 데에 실패하게 된다. 사회복지사가 행복해하면서 실천개입을 해야 하는데 많은 사회복지사들이 그렇지 못하기 때문에 실패했다고 보는 것이다. 안타깝게도 언제부터인가 모르는 채 매뉴얼대로 기계적으로 움직이는 '복지서비스 자판기' 같은 역할을 하는 데에 머물고 만다.

또한 어느 누구에게도 자신의 고민을 말하거나 나눌 수 없다. '사회복지사는 훌륭해!', '사회복지사는 착해!'라는 선입견 때문에 지금 혼자 힘들어하는 것이 오히려 문제가 아닌지 두려워하기 일쑤이다. '사회복지사인 내가 이러면 안 된다.'고 참는다. 그래서 사회복지사는 항상 혼자서 고민하고 혼자서 해결하려 한다. 실컷 네트워크 이야기하고 다양한 사회자원을 서비스이용자들에게 연결시키는 일은 전문이면서 정작 자기 문제는 혼자 해결하려고 한다. 혼자 힘으로 하려다 보면 처음 사회복지사가 될 때에 품었던 비전과 사명이 사라져버렸다는 자괴감이 들면서 또 다시 힘들어 한다.

복지경영을 시작하는 첫 걸음은 바로 이와 같은 사회복지사들의 현실적인 고충을 이해하는 데에서부터 출발해야 한다.

Chapter 5

계획:
행동으로 이어지는
경영목표 설정

30분 일찍 출근하자!

남보다 먼저 시작하는 자세가 업무로 연결되면

그 시너지는 놀라운 결과로 나타날 것이다.

변화무쌍한 한국사회에서 사회복지 분야도 그 변화의 폭과 속도가 엄청났다. 그 빠른 변화의 소용돌이 속에서 사회복지 조직이 지속적인 변화를 경험하려면, 변화의 핵심 주체인 사회복지 리더와 사회복지사들에게 조언과 도움, 나아가 실질적인 슈퍼비전이 필요하다. 이를 기반으로 해서 궁극적으로는 사회복지 조직을 효과적이며 효율적으로 경영하기 위한 계획이 수립되어야 한다. 사회복지 조직을 어떻게 관리하며 운영해 나갈 것인지에 대한 복지경영의 계획을 세워야 하는 것이다. 그리고 그 계획은 현실성이 있어야 한다. 사회복지 리더와 사회복지사들이 조직 내에서 행동으로 바로 실행할 수 있는 경영목표가 설정되어야 한다. 그래야만 실질적인 변화가 조직 내에서 일어날 수 있다.

새로운 개념의 신용카드

어느 금융 회사의 임원들이 모인 회의에서 새로운 개념의 신용카드에 대한 아이디어를 발표하게 되었다. 의료보험, 차량 관리 등 여러 가지 서비스나 혜택과 정보를 카드 하나로 제공받을 수 있는 것으로, 기존의 단순한 신용카드 이상의 개념이었다.

처음 아이디어를 접한 임원들은 과연 개별적인 혜택과 서비스, 정보들을 하나의 카드에 담을 수 있을지 의심했다. 고객들이 원하는 것이 바로 이런 카드라고 설명했지만 그들의 의심은 가시지 않았다.

그래서 우리는 새로운 신용카드 샘플을 시험적으로 만들었다. 마그네틱 선은 물론이고, 카드번호까지 새겼다. 이 샘플카드를 보자 회의 분위기가 완전히 바뀌었다. 회의에 모인 임원들 모두 아이디어에 관심을 보였다. 회의 내내 카드를 만져보고 쳐다보면서, 카드를 현실화할 수 있다는 확신이 생긴 것이다.

| 출처 | Allan, D. et al.(2002); 권양진 역(2008). 혁신의 기술. p. 118.

새로운 개념의 테마 파크

1998년 디즈니사는 플로리다 주의 올랜도에 10억 달러를 들여 '동물의 왕국'이라는 테마 파크를 조성하였다. 캘리포니아 주에 있는 디즈니랜드의 5배가 넘는 규모였다.

하지만 이 새로운 테마 파크가 세워지기까지 그 과정은 그리 순탄하지 않았다. CEO였던 마이클 아이즈너(Michal Eisner)는 '동물의 왕국' 아이디어를 좋아했지만, 기존의 테마 파크와 유사한 것을 생각하던 전략 기획 담당자는 그다지 마음에 들어 하지 않았다. 게다가 1990년대 초는 불경기였고, 테마 파크 산업은 하락세를 겪고 있었다.

그러나 '동물의 왕국'을 제안했던 월트 디즈니사의 기획자들은 이에 좌절하지 않았다. 디자이너, 아티스트, 작가, 엔지니어 등 기획자들은 창업주인 월트 디즈니가 처음 디즈니랜드를 구상했을 때부터 끊임없이 디즈니를 새롭게 혁신시켜온 주역들이었다.

디자인 팀의 리더인 조 로드(Joe Rohde)는 동물의 왕국이 기존의 동물원과는 완전히 다른 개념이라는 것을 전략 기획 담당자들에게 이해시키려고 노력하였다. 몇 달간 내부 승인을 받기 위해 노력했으나 회의를 거듭해도 설득이 되지 않았다. 마침내 아이즈너마저도 동물을 보기 위해 사람들이 몰려올 것인지 의심하기 시작하자, 조 로드는 현실적으로 와 닿을 수 있는 무엇을 보여줄 필요가 있다고 판단하였다.

조 로드는 다음 회의에 몸무게가 약 400파운드(181㎏) 나가는 살아 있는 벵골산 호랑이를 데리고 나타났다. 실제 호랑이를 보자, 과연 동물들이 인기가 있을지에 대한 논쟁은 순식간에 잠잠해졌다. 그동안 반대하던 사람들이 동물이 훌륭한 테마임을 한순간에 느낄 수 있었기 때문이다.

– 1998년 4월 13일 『Fortune』, 'Disney's Call of the Wild'

| 출처 | Allan, D. et al.(2002); 권양진 역(2008). 혁신의 기술. pp. 118–119.

사회복지 조직의 리더와 계획 수립

하나의 사회복지 조직에서 누군가 리더로 위임을 받게 되면 그에게는 그와 함께 하는 사회복지사들의 열정을 불타게 하고, 사회복지사로서의 비전과 사명을 일깨워서 서비스이용자들을 향한 적극적이면서도 최선을 다하는 수준 높은 사회복지실천을 해나가도록 이끌어가야 할 책임과 의무가 주어진다.

동시에 실천 현장에서 빈번하게 맞닥뜨리는 어려움들 앞에서도 당당하게 그 난관을 극복해 나가려는 불굴의 의지도 사회복지 리더는 갖고 있어야 한다. 이전에 전혀 경험해보지 못한 장애물들이 가로막고 있어도 좌절하거나 낙심하지 않아야 하는 것이다. 어떻게 그게 가능하겠는가? 사회복지실천은 숭고한 일이고, 반드시 필요한 일이며, 정의로운 활동이라는 확신을 갖고 있으면 된다.

또한 희망을 잃지 않고 변화되어 발전해 나가는 사회복지 조직의 미래를 꿈꿀 수 있어야 한다. 서비스이용자의 바람직한 변화를 소망할 수 있어야 한다. 놀라운 성과가 주어지게 될 것을 확신하며 노력할 수 있어야 한다.

나아가 사회복지실천을 활발하게 수행해 나갈 수 있도록 조직의 역량을 강화시키기 위한 전략을 계획하고 소속된 사회복지사들과 공유해야 한다. 그리고는 그 계획이 실현되도록 실질적인 행동을 해야 한다. 행동으로 이어질 수 있는 계획이 되려면 그 계획은 구체적이어야 하며 실현 가능한 것이어야 한다.

여기에서 복지경영을 통해 사회복지 조직을 관리하고 운영하려는 리더는 분명히 깨달아야 한다. 자신의 리더십이 다음과 같은 두 가지 단계를 소유해야 함을 말이다.

먼저, 사회복지 조직이 왜 변화해야 하며 어떻게 역동적으로 기능해야 하는지에 대한 뚜렷한 목표 의식이 '계획' 속에 담겨져 있어야 하며, 그 다음 곧바로 목표달성을 위해 '행동' 할 수 있는 내용까지 포함되어야 한다. 즉, '사회복지 리더로서 당신의 목표는 무엇인가? 행동하기 위해 당신이 세운 계획은 무엇인가?' 에 대한 질문에 대답할 수 있는 내용이 '계획' 단계에서 다루어져야 한다.

부엌에 있는 책상

식품회사라면 사무실이 부엌이어야 하는 것이 아닐까?
이런 생각 끝에 반 덴 베르그 홀랜드(Van den Bergh Holland)는 식품 개발을 위한 시설을 새로 짓기로 결정하였다. 마케팅부와 연구개발팀이 함께 쓰는 이 시설은 기존의 책상과 의자는 물론, 부엌, 개발 실험실, 요리 교실까지 갖추었다. 고객과의 워크숍은 물론, 요리 시연, 요리 강좌도 가능하고, 요리사들의 방문도 빈번하게 있도록 하였다.

고객이 기다리게 하라

런던에 본사를 둔 광고 대행사 사치 앤드 사치(Saatchi & Saatch)는 영국 철도의 광고를 수주하기 위해 현실화 방법을 사용하였다. 미팅에 참석하려고 온 영국 철도의 임원을 밖에서 계속 기다리게 한 것이다. 결국 이 사람이 기다리다 지쳐서 화가 나서 일어서려고 할 때, 직원이 들어와 바로 그런 기분이 철도 고객이 들쭉날쭉한 철도 서비스에 대해 느끼는 감정이라고 이야기하고, 이 점에 초점을 맞춘 광고안을 설명해서 결국 광고를 수주할 수 있었다.

| 출처 | Allan, D. et al.(2002); 권양진 역(2008). 혁신의 기술. p. 146.

곧바로 '행동화' 할 수 있는 경영목표 설정

분명하고도 구체적인 경영목표는 사회복지 리더가 이끌어가는 조직이 가기 원하는 곳으로 방향을 잡아주고, 에너지를 집중하도록 도우며, 여타의 방해가 되는 일들로 인해 주의가 산만해지는 것을 막는다. 많은 사회복지사들이 죽으라고 열심히 일하면서도 정작 자신이 속해 있는 사회복지 조직이 추구하고 진정으로 원하는 바가 무엇인지 몰라서 우왕좌왕한다. 방향감각을 잃어버린 채 그저 일만 한다.

아무리 봐도 대한민국의 사회복지사만큼 성실하게 일하는 전문가들이 없다. 동시에 '생각 없이' 더 심하게 말하면 '영혼 없이' 단지 사명감과 책임감만으로 '일 중독' 수준으로 일하는 전문가들도 역시 사회복지사이다. 사회복지 조직의 비전과 사명이 분명하지 않을 때는 잘 몰라서 방향을 못 잡고, 비전과 사명이 수립되어 있는 경우에는 비전과 사명을 향한 전략이 없어서 그렇고, 비전과 사명, 전략이 구비되어 있을 때에는 이에 대한 '되새김' 과 굳건한 목표의식이 없어서 방황한다.

모두 다 아침부터 저녁까지 오직 서비스이용자들을 위해 애쓰고 노력한다. 간혹 창의적이며 혁신적인 사회복지실천 프로그램을 개발하는 경우도 있다. 하지만 그것들조차도 없는 돈에 어떻게든 서비스이용자들에게 서비스개입 실천을 하고자 '사회복지공동모금회' 를 비롯한 몇몇 곳에 사업 자금을 따내기 위한 '프로포절' , 즉 사업제안서에 의해 이루어지는 활동일 경우가 대부분이다. 사업예산을 지원받기 위한 '프로포절' 은 예산을 지원하는 곳에서 이미 정해서 밝힌 사업의 방향성에 순응해야 하는 한계가 있다.

그러다보니 우리나라의 사회복지실천은 새로운 방향이 없다. 이미 정해진 대로 전국의 모든 사회복지 시설이 움직여 나가는 것 같은 형국이다. 많은 사회복지사들이 서비스이용자들의 권리를 보장하고 그들의 필요와 욕구를 채우기 위해서 불철주야 일한다. 그런데 '왜 내가 일하지?' 라며 자기 성찰을 하는 경우는 드물어 보인다. 그러니 새로운 실천개입도 없다. 어디를 가나 비슷비슷한 사회복지서비스들로 넘쳐난다.

그래서 사회복지 조직의 리더는 조직을 변화시키고 조직 속에서 일하는 사회복지사들의 역량을 강화시키기 위해서 그 무엇보다도 먼저 '왜 일하는가?' 를 질문해야 한다. 물론 리더 본인에게도 자문해야 한다. 이때, 사회복지 조직이 나아가야 할 방향이 보이게 된다. 조직의 특성과 조직이 섬겨야 할 지역사회와 서비스이용자의 상황이 고려된 사회복지실천의 방향이 설정될 수 있다. 그런 후에 사회복지 리더는 조직을 어떻게 경영해 나가야 할지에 대한 계획을 수립해야 한다. 당연히 그 계획 속에는 즉시 행동으로 실천해서 달성할 수 있는 경영의 목표가 가장 중요하게 들어 있어야 한다.

그런데 목표를 세운다는 것은 대단히 어렵다. 이때 일종의 '노하우(knowhow)' 가 제시되면 유용하다. 그렇다면 행동화할 수 있는 경영의 목표를 설정하기 위해서는 어떻게 하면 되겠는가? 구체적으로 바라는 결과를 규정하는 것에서 시작하여, 반대로 거슬러 가면서 상상하고 생각해 보는 것이다.

구상에서 실행까지 전체 수행 과정을 상세히 생각해 보라. 그리고 경험 있는 중간관리자가 각 단계에 대해 슈퍼비전을 주는 것도 좋은 방법이다. 또한 사회복지 리더 혹은 중간관리자가 평 사회복지사들과 함께 경영의 목표를 세울 수 있는 과정을 마련하는 것도 바람직하다.

이때 모두가 떠오르는 아이디어를 아무 제약 없이 말하며 제안된 아이디어에 일체 반론을 펴지 않음으로써 창의적인 아이디어의 개발을 꾀하는 브레인스토밍(brainstorming) 방식으로 가능한 한 많은 대안을 창출하면서 목표를 함께 수립하는 것이 크게 유익하다.

브레인스토밍 기법

비전 설정

비전 설정 기법은 사람들에게 장기적이고 이상적인 해결책과 그 달성 방법을 자세히 상상해 보라고 요청하는 기법이다. 혁신적 사고를 가로막는 뿌리 깊은 실용주의의 장벽을 타파하는 것이 비전 설정의 목표이다. 이상적인 해결을 위한 여러 가지 아이디어를 창출한 다음에는 이러한 아이디어를 실행하기 위해 무슨 행동을 해야 할지 물어본다.

수정

비전 설정은 무제약의 상황을 가정하면서 시작한다. 그러나 수정 기법은 현 상태에서 출발하므로 현재의 기술과 상황이라는 제약을 가지고 있기에 여기에 적응시켜야 한다. 현재의 제품이나 서비스를 개선할 수 있는 한 가지 좋은 방법은 고객의 눈으로 바라보는 것이다. 제품이나 서비스의 특징을 모두 관찰한 뒤 가치를 추가하거나 줄여나가는 방법을 알아본다.

실험

실험을 통해 요소를 체계적이며 다양한 방법으로 결합해서 결합물을 테스트할 수 있다. 실험의 한 가지 방법은 행렬을 만드는 것이다. 예를 들어, 세차장 소유주가 새로운 시장이나 시장 확장을 모색하고 있다면, 세차 방법, 세척되는 상품, 장비, 판매 제품 등의 모수(parameter)를 나열하는 것으로 실험을 시작할 수 있다. 각각의 모수 아래 생각나는 변수들을 모두 적어 넣는다. 장비 아래에 적는 변수로는 스프레이, 컨베이어, 스툴, 드라이어, 브러시 등이 포함되고, 세척되는 상품 아래에 나오는 변수는 자동차, 주택, 의복, 애완견 등이 포함될 수 있다. 결과표를 보고 세차장 소유주는 각 난 아래에 적힌 대안들을 사용해서 새로운 사업 가능성을 취합해 볼 수 있다. 이렇게 해서 그는 가지고 있던 스톨과 브러시를 사용해서 보트를 닦아 주는 사업을 시작하기로 결정할 수도 있다.

| 출처 | 하버드 경영대학원(2003). 창의와 혁신의 핵심 전략. pp. 83-85.

이렇게 허심탄회한 대화와 공유화 작업을 통해 목표를 재구성한다면, 반드시 수립해야 할 복지경영의 목표를 합리적으로 설정할 수 있을 것이다. 즉, 함께 논의하며 공유하는 과정을 통해 세워진 경영의 목표는 모든 조직의 구성원들로부터 받아들여지게 되고, 그 목표를 달성하려는 강력한 헌신을 끌어내게 된다. 더욱이 리더와 중간관리자들, 사회복지사들, 모든 조직의 구성원들이 함께 머리를 맞대며 설정한 경영의 목표는 구체적이고, 측정가능하며, 달성할 수 있고, 현실적일 수밖에 없을 것이다.

함께 공유하라!

휴렛 팩커드(Hewlett-Packard Company)는 '공유'의 원칙을 조직문화의 일부로 삼았다. 모든 기술직은 최근에 수행한 프로젝트의 견본을 책상 위에 올려놓아야 한다. 이를 통해 동료들은 일이 얼마나 잘 진행되고 있는지 확인하고, 개선하기 위한 여러 가지 제안들을 할 수 있다.

직원들은 직원인 동시에 고객이기 때문에, 이런 방법을 통해 고객의 소리를 출시 전에 들어볼 수 있을 뿐만 아니라 추상적인 단어가 아니라 실물을 가지고 제품을 개발한다는 점에서도 의의가 있다.

| 출처 | Allan, D. et al.(2002); 권양진 역(2008). 혁신의 기술. p. 144.

또 다른 한편으로 계획을 제대로 설정하려면 우선 무엇인가가 변화될 필요가 있다는 합의가 필요하다. 그러므로 경영의 목표를 모든 조직의 구성원들이 이상과 같은 과정과 방법으로 수립하게 된다면 변화해야 할 부분과 그 필요성을 충분히 나타내고도 남을 것이다.

사회복지 조직을 변화시키기 위한 4단계 행동계획

'행동화' 할 수 있는 경영의 목표를 수립한 후에는 뒤이어 사회복지 조직을 변화시키기 위한 네 가지 단계로 구성되는 행동계획을 수립해야 한다. 복지경영의 계획은 이렇게 목표 설정과 단계별 행동계획 수립으로 구성되어 있다. 이를 수학적 등식으로 쉽게 설명하면 다음과 같다.

복지경영 실행 '계획' = 행동으로 이어지는 경영목표 설정 × 사회복지 조직을 변화시키기 위한 4단계 행동계획 수립

이제 사회복지 조직을 변화시키기 위한 네 가지의 행동계획을 단계별로 정리해 보자.

첫째, 제1단계이다. 이 단계는 비전과 사명을 세우고, 계획하는 일을 행동 과업으로 제시하는 단계로, 사회복지 리더와 사회복지사들이 자신이 속한 조직의 바람직한 발전상을 꿈꾸고, 과업을 작성해간다. 이 단계에서 사회복지사들은 생동감을 느끼며 도전하고 성취하며 행복감에 젖고 낙관적이 된다.

둘째, 제2단계이다. 점차 도전의식이 사라지고 타성에 젖어가는 단계이다. 그러므로 이 단계는 사회복지 리더와 사회복지사들이 다시금 그들의 비전과 사명을 재평가하고 새로운 열심과 헌신을 회복해가도록 도울 일들을 계획해야 한다.

이때 사회복지 리더는 사회복지사들의 희망을 계속 살리고, 부정적인 감정을 극복하며, 새로운 가능성을 숙고하도록 보다 적극적으로 노력해야 한다.

셋째, 3단계이다. 새로운 열정과 목적을 찾기 위한 계획이 세워지는 단계이다. 사회복지사들이 새로운 방향을 정하고 새롭게 마음을 다져서 서비스이용자들에게 다시금 역동적으로 사회복지실천 개입을 하기로 작정하고 앞으로 나아갈 수 있도록 계획해야 한다.

넷째, 4단계이다. 혁신을 향한 본격적이며 구체적인 준비에 들어가는 단계이다. 새로운 아이디어와 가능성을 창조하고, 새로운 프로젝트로 실험하며, 새로운 유형의 전문가들과 네트워크를 형성하고, 새로운 목표와 가치에 따라 우선순위를 정하는 것을 돕는 계획을 수립해야 한다.

세부적인 활동 사항 계획

이상과 같은 네 가지 단계별 행동계획이 세워지면 그 다음으로 사회복지 조직의 리더는 사회복지사들과 함께 다음과 같은 활동 사항을 세부적인 활동계획으로 합의할 필요가 있다.

첫째, 최종적으로 바라는 결과에 대하여 동의한다.

둘째, 이를 적어 놓는다. 나중에 언제든지 수정할 수 있다.

셋째, 바라는 결과를 가지고 시작한다. 그 다음에 거꾸로 몇 가지 가능한 세부 목표에 대하여 서로 브레인스토밍을 하면서 진행한다.

넷째, 세부 목표 중에서 어떤 것을 추구할지에 대하여 합의한다.

다섯째, 목표를 가장 우선적이며 현실적인 것에서부터 최종 결과까지 순서대로 나열해 본다.

여섯째, 활동 내용의 목록을 적어 본다.

일곱째, 몇 가지 어려운 질문에 답해 본다. 특별히 한두 가지 첫 목표를 고려하면서 다음 질문에 답해 보라. "당신이 무엇을 해야 하는지 정확히 알 정도로 목표가 구체적인가? 무엇이 첫 번째 목표인가? 당신이 목표에 도달한다면, 그곳에 이르렀음을 어떻게 알 수 있겠는가? 당신이 성공했다는 구체적인 증거는 무엇일까?"

이 모든 계획의 과정에서 목표는 커다란 바위에 새겨져 있는 것이 아님을 기억해야 한다. 목표는 언제나 검토하고 수정할 수 있는 것이다. 대체로 순서상 앞에 오는 목표가 뒤에 나오는 목표보다 더 명확하다. 그러나 상황이 진전되면서 리더는 어떤 목표를 수정하거나 지나치거나 심지어 제거할 수도 있다. 아이디어란 계획이 언제나 바뀔 수 있음을 아는 상태에서 앞으로 나아가기 위한 계획을 찾아내는 것이다.

훌륭한 경영 계획은 하루아침에 갑작스럽게 다 완성되는 것이 아니다. 좋은 계획은 종종 서서히 전개된다는 것을 결코 잊어서는 안 된다. 언제나 처음부터 전체 그림을 다 볼 수 있는 것은 아니다. 처음부터 끝까지 자세하게 모두 다 채워 넣을 수 없을지 모른다. 부분적으로만 계획을 세울 수도 있다. 세운 계획이 미흡할 수도 있다. 그래도 중요한 것은 이렇게 체계적으로 계획을 세워보지 않는 것보다 세워보는 것이 훨씬 낫다는 사실이다.

SUN과 RAIN

비즈니스에는 2개의 서로 다른 세계(SUN과 RAIN)가 있다. 각각의 세계는 서로 다른 행동양식과 사고방식을 가지고 있으며, 경우에 따라 어떤 세계로 가야 할지를 선택해야 한다.

SUN		RAIN	
Suspend (판단 유보하기)	• 새로운 아이디어를 들을 때, 2분간 잠시 멈추는 연습을 한다. • 아이디어를 수동적으로 듣는 사람이 아니라 아이디어를 제시하는 사람이라고 상상해 본다. • 긍정적으로 표현한다.	React (즉각 반응하기)	• 내 생각을 바로 이야기한다. • 계속 반대한다. 아이디어 자체보다도 반대하는 것에 목적을 둔다. • 이 2가지를 반복하면 부정적인 분위기가 계속 조성될 것이다.
Understand (이해하기)	• 질문을 던져서 아이디어를 제시한 사람의 의도를 파악한다. '더 자세히 설명해주세요', '좀 더 이해할 수 있게 설명해주세요', '당신의 아이디어에서 어떤 점이 가장 마음에 드세요?' • 답변을 잘 듣는다. • 아이디어를 이해했다면 말로 설명해서 '이런 의도하신 거죠?' 라고 제대로 이해한 것인지 확인한다.	Assume (가정하기)	• 내 생각을 고수한다. • 내가 이미 아이디어를 잘 이해하고 있다고 생각한다. • '내 생각에는……', '알고 있습니다', '내 의도는 단지……' 라는 말을 자주 사용한다. • 상대방 논리의 허점을 찾는다.
Nurture (가꾸기)	• 아이디어를 발전시켜 더 좋은 아이디어를 만든다. • 'X라고 생각하신다면, X와 Y를 할 수 있을 것 같습니다' 라고 정리한다. • 어떤 점이 가치가 있고 독특한지 찾는다. • '이 아이디어의 이면에 있는 의도가 무엇입니까?' 라는 질문을 한다. • 대안을 찾아본다. • '다른 방법은 뭐가 있을까요?' 라고 아이디어를 발전시킨다.	INsist (주장하기)	• 잘못된 점을 찾아 꼬집어 말한다. • '절대로 효과가 없을 겁니다' 라는 말을 자주 사용한다. • 잘못된 점을 찾아 내가 옳다고 주장한다. • '내가 이미 전에 시도해봤는데, 효과가 없을 거라고 확신합니다' 라고 강하게 주장한다. • 오직 한 가지 방법만이 있을 거라고 주장한다.

| 출처 | Allan, D. et al.(2002); 권양진 역(2008). 혁신의 기술. pp. 100-102.

Chapter 6

활동:
저항과 모험

현장은 늘 변화의 중심에 서 있다.

변화를 두려워하지 말라.

변화 앞에서 사회복지사들도 함께 변화해 가야 한다.

복지경영을 실행하기 위해 계획을 수립하고 나면 본격적인 경영 활동에 들어가게 된다. 이때 심각하게 나타나는 현상이 저항이다. 저항은 복지경영의 실제적인 활동 가운데 거세게 나타난다. 그것은 사회복지 조직에 소속된 사회복지사들과 또 그들을 지원하고 협력하는 후원자들, 자원봉사자들, 심지어 서비스이용자들까지도 변화에 대한 두려움이 나타나게 하며 그에 따라 변화해서는 안 되고 변할 수도 없다는 온갖 종류의 핑계를 찾아내면서 일어난다.

직원들을 비롯하여 사회복지 조직과 이런 저런 모습으로 연결되어 있거나 소속되어 있는 구성원들의 저항에 대처하는 가장 좋은 비결은 저항에 협조하는 것이다. 저항을 제거하는 것은 사회복지 조직의 리더가 할 일이 아니다. 그렇게 할 수도 없음은 물론이다.

변화에 따른 자연스러운 현상으로서의 저항

사실 변화는 상당히 위협적이다. 그럴 수밖에 없는 것이 조직의 변화에 따라 무슨 일이 어떻게 일어날지 확신할 수 없기 때문이다. 그래서 구성원들은 비록 그와 같은 변화가 앞으로 나아가는 발전적인 기회가 된다고 해도 앞으로 나아가지 않을 이유를 찾아낸다. 그리고 리더나 중간관리자들로부터 압력을 느끼면 더욱더 저항하게 된다. 저항하는 사람들과 논쟁하는 것은 소용없는 일이다. 또한 변화가 왜 좋은지 이유를 열거하는 것도 도움이 되지 않을 수 있다.

일단 사회복지 조직의 리더는 저항을 인정하고, 저항에 대해 이야기함으로써 이해한다는 것을 보여준 후, 미래의 희망과 목표나 목적에 다시금 초점을 맞추는 것이 지혜로운 일이다. 이렇게 하면 강조점이 계속 성장에 맞춰지게 되고, 이로 인해 사람들은 비록 더 큰 변화의 필요성에는 동의하지 않더라도 우선은 현 상황을 진정시키기 위해서라도 실천 가능하며 조금은 덜 위협적인 작은 조치들을 먼저 취할 수 있게 된다. 사회복지 조직의 리더 혹은 중간관리자들로부터 압력보다는 지지와 격려를 받는 가운데 복지경영적인 활동이 진행될수록 신뢰가 쌓이게 되고, 조직의 구성원들은 움직이기 시작하며, 변화를 이루는 것이 왜 가치가 있는지 더 명확해지기 마련이다.

격려와 안내

사회복지 조직의 리더는 지속적으로 구성원들을 격려해야 하며, 조직의 발전적인 미래를 향하여 구성원들을 바르게 안내해가야 한다. 구성원들이 안심할 수 있도록 다양한 사회자원을 확보해야 하며, 배우고 따를 수 있는 인적자원들도 발굴해서 조직과 연결시켜야 한다. 아울러 리더는 가능한 한 끊임없이 구성원들을 지지하고 격려하며 책임감 있게 구성원들과 소통해야 한다.

그런 후에 리더는 사회복지사들이 서비스이용자들과의 원활한 소통이 가능하도록 지원해야 한다. 특히 저항적이거나 비자발적인 서비스이용자들의 경우에는 보다 더 세심한 개입이 이루어져야 한다. 저항하거나 자발적이지 않는 모습으로 다가오는 서비스이용자들은 다음과 같은 성향을 띤다.

- 공공연하게 적대적인 반응을 보인다.
- 참을성이 없거나 혹은 거만하게 보이기도 한다.
- 사회복지서비스를 제공받으면서 오히려 사회복지 시설이나 기관에 큰 은혜를 베푸는 것으로 생각하는 것처럼 보인다.
- 의사결정을 하는 데에 어려움을 갖고 있는 것으로 보인다.
- 사회적으로 감시가 필요한 위험인물과 같은 사람처럼 보인다.

하지만 사회복지 조직의 리더와 사회복지사들은 기억해야 한다. 모든 서비스이용자들은 자신의 생활에서 그들이 가장 중요한 사람이라는 것을 확인받고 싶어 한다는 사실을 말이다. 사회복지사들이 훌륭한 사회복지서비스를 제공하고자 노력하는 그 순간에 모든 서비스이용자들은 가장 중요한 사람이 되어야만 한다.

그러면 사회복지사들은 어떻게 활동해야 하는가? 사회복지 조직의 리더는 다음과 같은 활동을 사회복지사들이 수행하도록 지도하고 격려해야 한다.

첫째, 서비스이용자들의 시간을 존중해야 한다. 사회복지사들은 언제나 최대한 능률적으로 일해야 한다. 간혹 만만하게 보이거나 편안하게 느끼는 서비스이용자들을 만날 때에는 지나치게 느긋한 방식을 취하기 쉽다. 그러나 그래서는 절대 안 된다. 서비스이용자에게 지속적으로 초점을 맞추고 그들의 시간을 아껴주려는 신속한 서비스개입을 실천해야만 한다.

둘째, 사회복지사가 느끼게 된 나쁜 기분을 다른 사람에게 전달해서는 안 된다. 사회복지사도 사람인지라 때때로 기분 나쁜 날이 있기 마련이다. 그러나 설령 오늘이 그때라 하더라도 사회복지사가 기분 나빠한다는 것을 서비스이용자들은 알 수 없게 해야 한다. 그것이 '전문가 정신' 이다. 물론 서비스이용자와 사회복지사 모두 문제를 가지고 있을 수 있다. 그러나 서비스이용자들은 사회복지사에게 오늘 무슨 일이 일어나고 있는가를 궁금해 하지 않는다.

만약 사회복지사가 성질이 '더럽다' 거나 '변덕스럽다' 거나 혹은 '감정기복이 심하다' 는 평판을 얻게 된다면 서비스이용자들은 그와 같은 사회복지사는 어떻게든 피하려고 할 것이다. 동시에 함께 일하는 동료 사회복지사들과의 관계도 중요하다. 서비스이용자들에게는 잘 대하고 동료에게는 마음을 다해 대하지 않는다면 그 또한 문제다. 솔직히 훌륭한 사회복지사는 자신의 일을 잘 수행하고 긍정적인 생각에 몰입하려고 애쓴다. 그러다 보면 자신을 괴롭히는 문제들도 잊을 수 있게 될 것이고, 생각했던 것보다 좋은 날을 매일매일 경험할 수 있을 것이다.

셋째, 복된 언어를 사용해야 한다. 어떤 상황에서는 세련된 방식으로 모욕적인 말과 행동을 하는 것이 적절해 보일 수도 있다. 그렇게 했을 때 비록 한 순간일망정 승리감을 맛볼 수도 있다. 그러나 이것은 결국에는 그렇게 말하고 행동한 사회복지사를 패배자로 만든다. 일부 서비스이용자들은 사회복지사에게 보복할 방법을 찾을 수도 있다. 일부 다른 서비스이용자들은 자신이 받은 상처나 사회복지 조직의 무례함에 대해 좋지 않은 소문을 퍼트리고 다닐 것이다.

그러므로 파괴적인 언어보다는 사람을 세우며 존중하는 복된 말을 하는 것이 훨씬 더 좋다. 복을 빌어주듯 사랑과 기쁨이 가득 찬 언어를 사용하면 서비스이용자들이 행복해하는 경험을 하게 될 것이다.

넷째, 사고를 확장시켜야 한다. 무엇보다도 사회복지 조직의 리더는 재능 있는 사회복지사들이 스스로 할 수 있다고 생각하는 분량 또는 실제로 할 수 있는 것 이상을 해내도록 가르치고, 영감을 주며, 심지어 등 떠밀듯 밀어붙일 수 있어야 한다. 이러한 리더의 활동을 통해서 사회복지사가 해내야 하는 일이 바로 '사고 확장' 이다. 이것은 도저히 도달할 길이 없어 보이는 가능성이라 해도 필요하다면 그 가능성을 꿈꾸도록 상상력을 자극하는 것이다. 또한 같은 일을 같은 방식으로 하는 익숙하고도 편안한 일상에서 벗어나도록 자극해야 한다.

'사고 확장' 은 사회복지사들로 하여금 그들이 현재 가지고 있는 지식과 기술과 행동으로는 이미 확보한 위치 이상으로 나아가지 못할 것임을 보게 한다. '사고 확장' 은 미래에 바라는 바에 관해 질문을 던지는 것으로 그치지 않는다. 경제적인 제약이나 다른 어떤 제약이 존재하지 않는다면 무슨 일이 일어날 수 있는가에 대해 무제한적이고 창의적이며 상상력 넘치는 꿈을 꾸도록 격려한다.

고객서비스의 장애요소

훌륭한 고객서비스를 수행하는 데에는 많은 장애요소들이 존재한다. 가장 보편적인 장애요소 중 하나는 경영철학의 부재이다. 문제를 가진 고객이 자신을 도와줄 사람이나 회사와 접촉하지 못하게 만드는 것, 믿을 수 없는 설비들, 아주 제한적인 회사정책, 이해하기 어려운 보증서나 사용자 설명서, 아주 오래된 불편한 절차 또는 고객서비스의 가치에 대한 몰이해 등이 그 예이다. 이러한 장애는 고객서비스 업무를 수행하는 데 중요한 부분을 차지하지만 불행하게도 대개 고객서비스 담당자의 권한 밖에 있는 일이다.

그렇지만 몇몇 장애요소들은 고객서비스 담당자가 조절할 수 있는 것들이다. 몇몇 장애는 열심히 노력하면 극복할 수 있으며 고객서비스 담당자가 최선을 다하도록 만들 수 있다. 다음은 그러한 장애요소들의 예이다.

① 게으름	② 취약한 의사소통 기술
③ 비효율적인 시간관리	④ 부정적인 태도
⑤ 우울한 분위기	⑥ 적절한 훈련 부족
⑦ 스트레스 관리 실패	⑧ 불충분한 권위
⑨ 기계적인 고객서비스	⑩ 부적절한 직원배치

고객서비스 담당자는 업무의 효율성을 평가하고 어떤 영역에서 개선이 필요한지 알기 위하여 정기적으로 자기를 평가하는 작업을 해야 한다. 그런 평가가 끝나면 직원들은 자신이 지금까지 해온 낡은 습관대로 주저앉지 않도록 스스로 변화의 주도권을 쥐고 자신을 모니터해야만 한다.

| 출처 | Harris(2003); 이은희 · 김경자 역(2003). 고객서비스 실무. pp. 23-24.

행동하기

전략을 거론하고 목표를 설정하는 것은 자극이 될 수 있다. 그러나 진전을 이루려면 말을 중단하고 행동을 취하기 시작해야 한다. 사회복지 조직에 소속된 모든 사회복지사들은 해야 할 일에 대해 동의하고 끝까지 해내려는 좋은 의도를 가질 수는 있다. 그러나 실제로 행동하지 않으면 아무런 소용이 없다. 그래서 사회복지 조직의 리더는 경영자로서 서비스이용자들을 향한 사회복지사의 활동이 행함으로 이어졌는지의 여부를 점검해야 한다. 그렇지 않으면 사회복지사들은 해야 할 행동을 지속적이면서도 열정적으로 해나가지 못할 수도 있다. 그 결과로 아무런 변화도 일어나지 않을 수 있다.

경영의 계획을 세우고, 활동의 단계에 접어들면 최소한 사회복지 조직의 리더는 사회복지사들이 자신의 업무를 효과적으로 수행하기 위해서 어떤 행동들을 해야 할지를 약속할 필요가 있다. 아울러 리더는 사회복지사들과 끝까지 함께 할 것을 약속하고 복지경영을 실행하는 전 과정에 걸쳐 격려와 지도를 해야 한다.

그리고 리더가 다음과 같은 질문에 대해 사회복지사들로부터 구체적인 확답을 얻어낼 수 있다면, 약속은 더욱 확고해진다.

- 무엇을 제일 먼저 하려고 하는가?
- 언제 시작하겠는가?
- 언제 완수하겠는가?
- 누구에게 약속한 사실을 말할 것인가?
- 당신을 지지하고 혹은 당신에게 책임을 물을 사람이 누구인가?
- 1에서 10까지 점수를 매긴다면, 당신이 행하기로 동의한 것을 이행할 가능성이 얼마나 되겠는가?

특히 마지막 질문에 관해서, 만약 스스로에게 7점 이하를 주는 사람은 끝까지 해내는 경우가 드물 것으로 예상된다. 따라서 점수가 7점 이

하라면 리더는 사회복지사에게 경영의 목표를 다시 상기시키고 행동을 실천하는 데에 도움이 되는 바로 그 점수를 높이기 위해 무엇을 할 수 있는가를 생각해 보라고 격려해야 한다. 이는 시간을 늘리든지 또는 과업의 규모를 줄이는 것을 의미할 수도 있다.

한편 행동을 실천하는 면에서 어떤 사회복지사들은 가능하리라 생각하지도 않던 일을 시도하면서, 자신을 익숙하지 않은 영역으로 몰아넣기도 한다. 이들 사회복지사들에게는 격려가 필요하고, 그 과정을 계속 진행하도록 도와줄 필요가 있다.

> "이 일을 완수했을 때 나에게 이메일을 보내주시지 않겠습니까? 어떻게 되어 가는지 알아보기 위해 내일 저녁 7시쯤 전화를 드려도 괜찮겠습니까?"

어떤 경우에는 아예 부탁을 할 수도 있다.

> "아침에 전화해 주시면 좋겠네요."

리더의 요청에 사회복지사가 동의하지 않으면, 다른 대안을 요구할 필요도 있다. 사회복지사들이 행동을 취하는 정도는 종종 그들의 의지와 헌신의 정도를 나타낸다.

여기서 분명하게 깨달아야 할 사항이 있다. 복지경영은 앞으로의 가능성에 초점을 맞추는 것이지 과거의 실수에 초점을 맞추는 것이 아니라는 것이다.

일단 활동의 단계에 실행과정이 진행되고 있으면, 가끔 진도를 점검해 보아야 한다. 진전이 있으면 리더는 축하해주고 사회복지사들이 계속 해야 할 일을 힘을 내어 행동하도록 격려를 아끼지 말아야 한다. 만일 목표에 도달하지 못한다면 이유가 무엇인지를 검토하고 계획을 수정하여 다음 번에 시도할 때는 성공할 수 있게 해야 한다. 리더와 중간관리자들은 평 사회복지사들을 탓하거나 야단을 치거나 판단하지 않아야 한다. 그 대신 더 많이 격려하고, 세워주며, 함께 나누고, 힘을 불어넣어 주며, 배려와 친절을 베풀고, 돌보아 주어야 한다.

모험하게 하기

탁월하고 유능한 리더는 모험을 감행할 수 있어야 한다. 사회복지 리더는 사회복지사들이 새로운 모험을 하도록 이끌거나 엄두조차 내보지 못했을 새로운 도전에 직면해 보도록 격려해야 한다.

솔직히 말해 모험을 감행한다는 것은 언제나 위험한 일이다. 안전한 곳에서 익숙하지 않은 영역으로 몰아가기 때문이다. 그래서인지 대한민국의 사회복지사들은 모험을 즐겨하지 않는다. 주어진 일을 안전하고 신중하게 하는 데에 익숙해져 있다. 그 결과로 사회복지실천 현장은 힘들고, 답답하며, 지치게 하는 데에 가득 차게 된다. 모험적이고 실험적이며 창의적인 사회복지실천은 너무도 멀리 있다.

어느 사이에 우리나라의 사회복지사들은 다음과 같은 성향으로 고착되고 말았다.

"사회복지사들은 안전하다고 느끼지 않는 한 모험을 하지 않는다."

누가 뭐라고 할 수도 없다. 무엇이든지 잘못하거나 시행착오가 있게 되면 그 모든 결과에 대한 책임은 그 일을 시도하거나 추진했던 사회복지사에게 덮어 씌우기 때문이다. 그래서 사회복지사들이야말로 서비스 이용자들을 향한 선한 의도와 뜨거운 열정에 기초하여 행동을 취하므로 부당한 대우를 받게 되거나 골칫거리가 생기거나 괴롭힘이나 해를 당하게 되지 않으리라는 안전감이 느껴져야 모험에 뛰어들 수밖에 없다. 안전감을 느낄 때에, 비로소 사회복지사들은 외부의 영향과 학습에 마음을 열게 된다.

사회복지 조직이 역동적이 되도록 혁신시키고 싶은가?
사회복지 조직이 활발하게 움직이게 하고 싶은가?

이를 진실로 원한다면 사회복지 조직의 리더가 사회복지사들이 모험하게끔 이끌면 된다. 사회복지 리더야말로 사회복지사들이 모험을 감행하고, 그 성공 가능성을 높이도록 도와줄 수 있다. 이와 관련하여 다음의 세 가지 사항을 고려해 볼 필요가 있다.

첫째, 자신감을 갖도록 지지해 주어야 한다. 아장아장 걷는 아기가 수영장 가장자리에 서 있다고 상상해 보라. 아버지는 허리까지 오는 물속에서 팔을 벌리고 서서 아기에게 뛰어들라고 외칠 것이다. 아기는 뛰어들고 싶지만 겁이 난다. 때때로 사회복지사들도 이와 같은 심정일 때가 있지 않은가! 사회복지사에게도 '내가 해낼 수 있다!'는 자기 확신이 필요하다. 과거에 "너는 할 수 없어. 결코 성공하지 못할거야!"라는 말을 자주 들었다면 더더욱 강력한 지지가 요구된다.

그러면 어떻게 지지할 수 있는가? 믿어주면 된다. 리더가 사회복지사를 전적으로 신뢰한다는 것을 보여줌으로써 자신감을 갖게 할 수 있다. 존경하는 조직의 리더가 사회복지사인 자신을 믿고 있다는 깨달음보다 더 강력한 동기부여는 없을 것이다.

둘째, 솔직하면서도 애정 어린 반응을 해주어야 한다. 사회복지 조직의 리더는 사회복지사들의 이야기를 경청하고, 그들의 열정과 노력을 칭찬하며, 다음 번에는 더 잘 할 수 있는 방법에 대해 슈퍼비전을 주어야 한다. 일관되고, 구체적이며, 솔직하고, 사랑이 담긴 반응을 접하게 되면 사람들은 강력한 동기를 부여받게 된다.

셋째, 희망을 지켜주어야 한다. 사회복지 리더는 희망을 지켜나가는 일에 관한 한 전문가이어야 한다. 사회복지실천 현장에는 절망과 낙심, 고통 등이 항상 가득 차 있다. 그 치열한 현장에서 일하는 사회복지사들이 힘을 다해 능동적으로 일할 수 있는 힘을 갖기 위해서는 희망을 잃어버려서는 안 된다. 희망을 갖고 있으면 사회복지사는 좀 더 나은 대안을 찾기 위해서라도 모험을 할 수 있게 되는 것이다. 자녀가 걸음마를 시작할 때 곁에서 지켜보는 부모처럼, 훌륭한 리더는 사회복지사들과 함께 하면서 희망을 주고 격려한다. 그들이 앞으로 나아가기 위한 모험을 감행할 때에는 특히 더욱 그렇다.

Chapter 7

평가: 성과와 측정

무능력한 것은 업무능력과 비례하지 않는다.

꿈을 꾸지 않고 미래의 발전을 위해

달려 나가지 않는 사람이야말로 무능력한 사람이다.

사회복지 조직을 경영하는 리더에게 있어서 가장 큰 부담이자 책무는 사회복지실천을 통해 서비스이용자의 변화를 만들어내는 일, 즉 성과를 이루어내는 일일 것이다. 그런데 문제는 그와 같은 '성과를 어떻게 측정하는가?' 아니 '성과를 무엇으로 볼 것인가?' 이다.

복지경영은 사회복지실천이 사회복지 조직과 그 조직에 소속된 사회복지사들에 의해 최대한의 성과를 내게끔 하는 관리운영이라고 할 수 있다. 이런 맥락에서 볼 때에 당연히 복지경영은 '성과주의' 와 '서비스이용자 중심 관점' 에서 '성과' 를 파악해야 한다.

그렇다면 '성과주의' 와 '서비스이용자 중심 관점' 은 무엇인가? '성과주의' 는 실제 결과물로 나타난 서비스이용자의 변화를 파악해 나가려는 경향을 강조하는 가치이자 이념을 말한다. '서비스이용자 중심 관점' 은 한마디로 고객 중심이다. '성과주의' 와 '서비스이용자 중심 관점' 은 사회복지사들로 하여금 그들을 통해서 수행되는 사회복지실천이 서비스이용자들을 진정으로 변화시켰는지에 대한 끊임없는 도전과 질문을 던지게 한다.

사회복지실천에서 고객 중심 경영

사회복지사의 실천개입에서 고객 중심 경영을 어떻게 할 것인가?

실천 현장에서 사회복지사가 서비스이용자들에게 얼마나 친절한 정보를 제공하고 있는지, 실천개입에 관련된 실질적인 정보들을 얼마나 잘 안내하고 있는지를 물어볼 필요가 있다. 이처럼 지극히 사소하다고 생각하기 쉬운, 바로 '안내' 하는 '작은 일' 이 서비스이용자 중심의 한 표현인 것이다. 서비스이용자는 제공받고 있는 사회복지서비스에 대해서 분명하게 알고, 설명을 들을만한 충분한 자격이 있다. 이에 대한 인정과 존중이 곧 서비스이용자 중심의 시작이 된다.

다음으로 서비스이용자 중심이라고 하는 것은 서비스이용자의 자기의결(혹은 의사) 표현을 위한 기회를 부여하는 일이다. 여전히 일부 사회복지사들은 지나치게 권위주의적이거나 무관심 내지 방임하기도 한다. 이는 서비스이용자와 사회복지사의 거리를 멀어지게 할 수밖에 없다. 무엇으로 사회복지실천을 할 것인지에 대해 더 이상 서비스이용자에게 묻지 않는다. 어떤 실천개입방법을 사용할 것인지도 서비스이용자에게 묻지 않고 사회복지사가 알아서 결정한다. 바로 이것이 문제이다.

그런데 서비스이용자 중심 관점 없이 실천개입 활동을 하는데도 실천개입의 성과가 나타나는가? 만약 성과가 있다면 앞서 질문한 바와 같이 '성과가 무엇인가?' 를 정말 진지하게 물어보아야 한다.

성과의 개념

사회복지실천의 성과가 무엇을 의미하는지 그 개념을 정립하기 위해서 서비스이용자 중심 관점을 갖고 있는 사회복지사가 성과를 생산해 내는 각 영역을 살펴보자.

첫째, '서비스이용자 아웃컴(outcome, 결과)' 이다. 사회복지서비스를 제공받고 난 후에 서비스이용자가 결과적으로 변화한 것이 '성과(performance)' 라는 것이다. 즉, 서비스이용자의 변화에 대한 효과성이 성과의 중요한 요소가 된다(outcome = change = effectiveness).

사회복지사가 사회복지서비스를 제공할 때에는 무엇보다도 중요하게 생각해야 할 성과의 영역은 '서비스이용자' 이다. 즉, 서비스이용자로부터 성과가 나타나야 한다는 것이다. 이를 '서비스이용자 결과' 라고 말할 수 있다. '서비스이용자 결과' 는 다음의 변화를 통해서 파악될 수 있다.

하나, 서비스이용자의 '상태의 변화' 이다. 상태의 변화는 가장 기본적으로 서비스이용자가 서비스를 제공받으려고 하는 마음의 변화로부터 시작된다. 이와 같은 마음 상태의 변화를 통해 서비스 개입실천에 따른 서비스이용자의 결과를 파악해볼 수 있다.

둘, 서비스이용자의 '지위의 변화' 이다. 이는 사회복지실천을 통해 서비스이용자의 삶의 지위가 변화되었는가를 보는 것이다. 이를테면 노숙자가 사회복지서비스를 통해 자립역량을 키워서 직장에 취업하고 안정적인 가정을 꾸리게 되었다면 생활의 지위가 변화된 것이다.

셋, 서비스이용자의 '행동의 변화' 이다. 사회복지실천을 통해 바람직한 행동이 증가하고 문제 행동이 감소했다면 이것이야말로 서비스이용자의 행동이 변화되었음을 말해준다.

넷, 서비스이용자의 '기능 변화(대처능력의 변화)' 이다. 이후에 같은 문제를 만나게 되어도 과거에 그 문제를 해결한 경험이 있다면 서비스이용자는 충분히 문제를 극복해갈 것이다. 즉, 어떤 문제 상황에 대처하는 능력이 사회복지서비스를 제공받음으로 생겨났는지를 보는 것이다.

다섯, 서비스이용자의 '정서적인 변화(감정의 변화)' 이다. 가령 사회복지실천을 통해 행복한 느낌을 가졌다면 이는 정서적인 변화를 서비스이용자가 경험하였음을 말해준다.

여섯, 서비스이용자의 '태도의 변화(가치관의 변화)' 이다. 사회복지실천은 서비스이용자의 가치관을 변화시킬 수 있는데 실제로 가치관의 변화가 일어났다면 이는 '서비스이용자 결과' 라 할 수 있다.

일곱, 서비스이용자의 '생각의 변화(인지적인 변화: 예 자존감 · 자아기능 · 자아정체감 등)' 이다. 서비스이용자에게 사회복지서비스를 효과적으로 제공하게 되면 많은 경우에 서비스이용자의 인지적인 변화를 기할 수 있게 된다. 이러한 인지적인 변화가 바로 생각의 변화이다.

여덟, '환경 수정에 따른 변화' 이다. 사회복지실천은 환경을 조정하거나 수정 혹은 조성함으로써 서비스이용자를 변화시킨다.

둘째, '생산성' 이다. 사회복지실천을 수행한 후에 이뤄지는 생산성의 측정은 실천개입서비스에 대한 서비스이용자의 수, 서비스 에피소드, 서비스 이벤트, 경과된 시간 등을 고려하여 살펴보게 된다. 서비스의 결과를 평가할 때에 흔히 생산성을 보게 될 만큼 생산성은 보편적인 서비스 성과의 하나로 여겨질 수 있다. 결국 생산성은 서비스 양을 의미한다. 즉, '몇 건의 서비스를 주었느냐?' , '몇 명에게 서비스를 주었느냐?' 를 말한다.

셋째, '자원의 획득' 이다. 돈(재원), 사회복지사, 서비스이용자, 공공

지원 등을 획득하였는지가 성과의 중요한 요소가 된다. 특기할 것은 서비스이용자 그 자체가 중요한 사회복지실천의 핵심적인 자원이라는 사실이다. 조금 더 구체적으로 살펴보면 다음과 같다.

하나, 자원획득의 핵심은 '돈' 이다. 돈을 얼마나 획득했는가가 성과의 중요한 요소가 된다. 앞으로 사회복지 조직이 살아남기 위해서는 '돈' 을 획득하는 것이 큰 이슈가 될 것이다.

둘, '인적자원' 이다. 사회복지실천은 노동집약적인 사업이다. 즉, 사람 싸움이다. 사회복지사 한 사람이 정말 중요하다. 사회복지사 한 사람을 뽑아도 '누가 들어오는가?' 가 중요하게 된다. 사회복지사 한 사람이 사회복지 조직의 흥망성쇠를 결정한다. 그래서 인적자원이 중요하다. 훌륭한 사회복지 조직일수록 인적자원에 대한 투자가 많을 수밖에 없다.

셋, '사회복지사의 전문성' 이다. '사회복지사가 서비스이용자에 대한 특화된 실천기술을 갖고 있는가?' 기본적으로는 반드시 한두 개의 장점을 최고로 만들 필요가 있다.

넷, '서비스이용자' 이다. 사회복지 조직에서 호의적인 서비스이용자를 얼마나 많이 확보하느냐?' 는 매우 중요하다.

다섯, '공공지원' 이다. '정부나 지자체 등 국가적인 공공지원을 얼마나 확보하고 있는가?' 또한 매우 중요하다.

넷째, '효율성' 이다. 효과성은 '원래 세운 목표들을 달성했는가?' 이고, 효율성은 '원래 세운 목표들을 얼마나 경제적으로 달성했는가?' 이다. 성과는 효율성을 달성해야 한다. 단위비용까지 정확하게 계산해낼 수 있어야 한다. 그리고 표적 집단 중에서 몇 명, 몇 %의 서비스이용자에게 서비스를 주었는가? 가령 100명보다는 200명에게 주었을 때에 효율성이 크다 하겠다. 200명에게 서비스를 주면, 기타 서비스를 더 알고 접할 수 있기 때문이다. 즉, 시너지 효과를 고려할 수 있다는 것이다. 표적 집단이 몇 명인데 몇 %에게 서비스를 주고 있는지가 나와야 한다. 서비스 제공 비용이 최소화되어야 한다.

다섯째, '사회복지사의 사기' 이다. 사회복지사의 사기는 사회복지사의 직무 만족감으로 드러난다. 소진되지 않도록 하는 것이 사회복지사 사기에 있어 기본이다. 사회복지실천을 감당하는 사회복지사에 대한 '사기 정도' 가 성과의 기준 속에 들어간다는 사실에 많은 도전과 감동을 받게 된다. 성과가 좋다는 것은 사회복지사들의 사기가 높다는 것을 의미한다. 사회복지사의 만족도가 높아야만 서비스이용자에게 양질의 서비스를 제공할 수 있다.

오늘날의 실천개입 현실

사회복지사의 실천개입 현실은 어떠한가? 많은 문제들이 뒤엉켜 있는 안타까운 현실이다. 그 모든 것을 정리하면 한 마디로 서비스이용자는 실천개입에서 소외되어 있다는 말로 대신할 수 있다. 사회복지실천에는 서비스이용자가 핵심이 되어야 하는데 현실은 실천개입 활동과 서비스이용자가 분리되어 있다는 것이다.

결국 사회복지 조직을 중심으로 실천개입의 목표를 세우거나 사회복지 조직을 유지하기 위해서 사회복지 조직을 운영해 나가는 경향에서 벗어나서 '서비스이용자 아웃컴(결과)' 을 획득하기 위해 구체화시켜서 목표를 설정하는 것이 바로 서비스이용자 중심의 실천개입 활동이다. 가령 사회복지 조직에서 사회복지사들이 일상적인 활동에서 자주 점검하는 말이 무엇인가? "그 프로그램 어떻게 진행되었어?" 이지 "서비스이용자가 어떻게, 어느 만큼 변화되었지?" 라는 말은 하지 않고 있다는 것이다. 사회복지사의 현실은 서비스이용자 중심으로 가고 있지 않다는 것이다.

그렇다면 분리의 결과가 무엇인가? 크게 두 가지로 나타나고 있다.

첫째, 목적과 수단이 뒤바뀌고 말았다. 즉, '서비스이용자 아웃컴(outcome, 결과)' 이 목적인데 무엇을 제공하고, 무엇을 말하고, 무엇을 확립한다는 식의 접근방식, 바로 수단이 사회복지실천의 주요한 목적이 되어버렸다.

둘째, 서비스이용자가 실천 현장에서 소외되는 현상이 빈번해졌다. 즉, 서비스이용자가 사회복지실천에서 역량강화(empowerment)되지 못하고 오히려 소외되어 버렸다.

서비스이용자 중심 실천개입의 원칙

사회복지실천에서 다시 회복되어야 할 서비스이용자 중심 실천개입의 원칙은 다음의 4가지로 설명할 수 있다. 이러한 원칙들은 복지경영이 추구해야 할 핵심적인 사항이기도 하다.

첫째, '존중' 이다. 서비스이용자라고 불리는 사람에 대한 존중이다. 이는 서비스이용자가 갖고 있는 다양한 강점을 인정하며 존중한다는 것이다. 서비스이용자는 문제해결을 위한 자원과 능력을 갖고 있다. 그러므로 사회복지사는 서비스이용자의 장점, 능력, 재능, 자원과 열망에 대한 깊은 이해와 존중이 있어야 한다.

둘째, '초점(focus)을 창조하고 유지하는 것' 이다. 사회복지실천에서 서비스이용자 중심의 초점을 조직적으로 선택하고 정립해나가는 것은 사회복지사의 업무이다. 서비스의 초점은 서비스이용자의 변화를 위해서 이루어져야 하며 서비스이용자 산출에서 사용될 수 있는 용어로 정의되어야 한다. 초점은 가능성 있는 다른 가치 있는 목적과 활동을 제한하여 가장 우선적인 것으로 집중될 필요가 있다. 이와 같은 초점은 서비스이용자의 변화를 보다 효과적으로 보여준다.

셋째, '불가능에 대한 도전' 이다. 서비스이용자 중심 실천개입은 서비스이용자가 자신의 상황에 대하여 힘 있게 대처해갈 수 있는 자기인식을 할 수 있음을 전제한다. 또한 서비스이용자의 욕구라는 명백한 초점에 기초하여 융통성과 창조성을 발휘하여 서비스이용자의 바람직한 변화를 인내하며 이루어내는 것이 서비스이용자 중심 실천개입이다. 그래서 서비스이용자 중심 실천개입은 불가능하다고 하는 그 어떤 현상에 대해서도 편견을 갖지 않고 서비스이용자의 잠재력을 신뢰하는 가운데에 시도하는 활동이다.

넷째, '삶을 위한 학습' 이다. 살기 위해서 일하는 것이라기보다는 살기 위해서 배우는 것이라는 것은 서비스이용자 중심 실천개입이 일상적인 생활에 기초한 것임을 알게 해준다. 서비스이용자 중심 실천개입은 삶 속에서 배우며 이루어가야 할 학습의 과정이다. 실천개입은 삶과 무관한 것이 아니며 오히려 생활과의 밀접한 관계 속에서 이루어져야 한다. 그러므로 사람에게 사회복지서비스를 제공한다는 것은 어떤 면에서 사회복지사든 서비스이용자든 모두가 다 서로 함께 더불어 삶을 배워나가는 과정이 된다. 이런 맥락에서 사회복지사는 생존하기 위해서 반드시 배워야 한다. 가령 의사는 끊임없는 새로운 임상 지식을 이론화하고 있다. 마찬가지로 사회복지사는 끊임없이 배우려는 노력이 없이는 살아남을 수 없다. 이 세상의 삶은 너무나 복잡다단하고 서비스이용자의 문제도 단순하지 않기 때문이다.

성과 측정의 과정

효과적인 사회복지실천이 지속적으로 이루어지게 함으로써 서비스개입에 따른 성과를 최대한 산출할 수 있도록 사회복지 조직과 그 조직과 함께 일하는 사회복지사들을 성과 지향으로 집중시키고 끌어가는 것이야 말로 조직의 목적을 구체적으로 만드는 일이다. 사회복지 조직을 경영하는 리더는 조직의 사명을 여러 가지 목표로 세분화하고 무엇이 성공적인 것인지를 확실하게 알려주는 성과 측정의 과정을 제시함으로써 이상의 작업을 해결해갈 수 있다. 이는 모든 사회복지 조직의 경영에서 필요로 하는 진정한 핵심이다. 그래서 사회복지 조직의 경영진들은 이 질문에 대답할 수 있어야 한다.

> "사회복지사의 사명을 생각할 때에 사회복지사의 성과는 어떻게 정의되어야 하는가?"

사실 일반적인 경영 특성 중의 하나는 '수익에의 집중' 이다. 능력 있는 경영자를 정의하는 가장 큰 특징은 그들이 항상 '실적 목표를 완수한다' 는 사실이다. 따라서 단지 실적 완수에만 함몰된 전형적인 경영은 조직의 목표와 그 목표를 달성하면서 얻는 마지막 결과물 사이의 아주 중요한 차이를 희미하게 만든다. 이익이란 목표가 아니라 결과이기 때문이다. 그래서 이익이란 경영의 적절한 목표도 지향점도 아니다. 이익은 적절한 목표와 지향점들을 가능하게 만들어 주는 바탕인 것이다. 그러므로 어떤 사업이라도 그 진정한 목표는 고객을 위한 가치를 창조하는 것이고 수익은 그 결과로 나타나는 것이다. 즉, 사회복지사의 성과도 이런 차원에서 정의되어야 한다.

Chapter 8

개선:
장애 요인의 제거와
소진 해결

장애는 우리 삶의 일부이다.

우리는 계속 성장하고 성숙해 가야 한다.

'개선' 단계는 '평가' 이후에 나타난 여러 가지 경영의 장애물들을 제거하거나 수정 · 보완해감으로써 궁극적으로 사회복지 조직을 더욱 발전시키는 복지경영의 실행 과정이다.

복지경영의 장애 요인들

복지경영을 실행하다가 보면 경영의 장애 요인들이 여러 가지 형태와 크기로 나타난다. 어떤 것은 흔하고 쉽게 식별된다. 또 어떤 것은 특이하고 숨겨져 있어서 복지경영을 실행하는 과정이 한참 진행된 후에야 그 모습을 드러낸다.

장애물 가운데 어떤 것은 사회복지 조직의 외부에서 나타난다. 예상하지 못한 정부나 지자체의 사회복지 정책의 변화나 지원예산의 삭감 혹은 축소, 인력 감축 그리고 각종 선거를 통해서 선출된 국회의원이나 시 · 도 의원, 시장 혹은 구청장 등이 호의적이지 않은 경우 등이 커다란 장애 요인으로 작용할 수 있다.

내면의 장애물은 잘 보이지 않는다. 훨씬 더 미묘한 두려움이나 태도, 습관, 불안, 주의산만 등은 사회복지 조직의 에너지를 빼앗아 가며 복지경영의 실행 과정을 무너뜨릴 정도로 충분히 위협적이 된다.

내면적인 장애 요인들

사회복지 조직에서 내면적인 장애 요인들로는 다음과 같은 것들을 말할 수 있다.

첫째, 사회복지사들이 무엇을 해야 하는지 구체적으로 알지 못한다.

둘째, 사회복지사 자신이 해야 할 업무를 실제적으로 수행하는 방법을 모른다.

셋째, 왜 그 업무를 해야 하는지를 모른다.

넷째, 사회복지사 자신이 그 업무를 하고 있으나 피드백을 받지 못하고 있다고 생각한다.

다섯째, 바로 앞에 자신의 통제력 밖에 있는 장애물이 놓여 있다고 느끼면서 무기력해진다.

여섯째, 사회복지사가 지금 자신이 해야 할 업무를 아무리 해도 효과가 없으리라 생각한다.

일곱째, 사회복지사 자신이 알고 있고 사용하는 방법이 가장 뛰어나다고 생각하며 다른 방법은 도입할 필요가 없다고 단정한다.

이상의 요인들은 대부분 사회복지사가 자신의 업무에 대한 투철한 사명의식이 결여되었기에 나타나고 있으며, 자신이 감당했던 업무에 대한 그 어떤 피드백도 충분하게 받지 못한 결과로 빚어진 것으로 봐야 한다.

외부적인 장애 요인들

사회복지사에게는 할 일이 너무 많다. 사회복지사는 살인적으로 바쁜 일정에 대해 불평하지만 그러면서도 지나치게 바쁜 것이 자신의 존재감을 드러내는 상징처럼 때로는 분주함을 영광스러운 자랑거리처럼 자랑하며 다닌다. 그런데 꼭 알아야 한다. 이렇게 분주하게 사는 이유들 중의 상당 부분은 좀 더 효율적으로 일할 수 있는 시스템화가 되어 있지 않은 사회복지실천 현장의 낙후된 근무 환경에 있다.

하지만 양심적인 사회복지사라면 조직이나 다른 환경적 요소들에다가 책임을 전가하는 외부적인 장애 요인들 대부분의 원인이 사회복지사 자신 안에 있다는 것을 알 수 있다. 예를 들어, 사회복지사가 어쩔 수 없는 환경 때문에 주어졌다고 하는 바쁜 일정은 스스로 일정이 꽉 차도록 허용했기 때문이거나, 거절하는 법을 배우지 못했거나, 이 일 저 일에 덤벙덤벙 뛰어드는 왕성한 '오지랖' 의 결과로 발생하는 '아드레날린' 이 가져다주는 짜릿함을 즐기기 때문일 수 있다. 사회복지사는 다른 사람이나 외부 환경을 탓할 수 있고 자신을 희생자라고 부를 수 있다. 그러나 사회복지사들 대부분은 실로 자신이 인정하는 것보다 더 많이 스스로의 삶을 통제할 수 있다.

그러면 외부적인 장애 요인들을 해결하려면 어떻게 해야 할까?

첫째, 우선순위를 다시 평가하고 시간과 일정 관리를 배울 수 있으면서 도와줄 리더나 슈퍼바이저 혹은 동료를 찾아야 한다.

둘째, 업무의 경계선을 명확하게 설정하고 거절할 때는 거절하는 법을 배워서 실천해야 한다.

셋째, 자신의 업무에 대해 피드백을 받을 수 있는 방법을 찾고 실제로 피드백을 받아야 한다.

넷째, 사회복지사인 자신이 일으킬 수 있는 변화는 무엇이든지 만들어 보기로 작정하고 장애물을 제거하고 변화시키는 방향으로 우선적인 조치를 취하든지 아니면 장애가 되는 요인과 함께 생활하는 법을 배우든지 해야 한다.

소진하게 하는 것들

이상에서 다룬 대부분의 내부적인 장애와 외부적인 장애 요인들은 사회복지사들을 소진시킨다. 사실 인생이라는 것 자체가 소진의 과정이기도 하다. 삶은 사람을 소진시키는 것으로 가득 차 있다. 이는 까다로운 사람이나 일에서 오는 압박감, 충족되지 않는 욕구, 불안이나 우울증과 같은 감정, 또는 인생의 사소한 일들로 말할 수 있다. 하지만 해도 해도 도저히 끝이 나지 않는 사회복지사의 업무들은 그 어떤 사람들보다도 사회복지사들을 충분히 소진시키고도 남는다.

소진은 사회복지사를 목표에서 분산시키고, 효과적인 지도력을 붕괴시키며, 동기를 약화시키고, 동료들에게 좌절감과 낙심을 야기한다. 따라서 사회복지 조직의 리더는 사회복지사들이 소진되게 하는 요인들이 무엇인지 식별하고 분석하여 이를 사회복지사 자신이 스스로의 힘으로 관리할 수 있도록 도와주어야 한다. 그렇지 않으면 소진으로 인해 계속해서 사회복지사의 생동감이 고갈될 것이다.

각 개인이 스스로 무엇을 할 수 있을까

변화가 시작되는 시점에 대부분의 사람들이 느끼는 분노와 좌절, 충격 등의 강한 감정들은 사태의 해결에 전혀 도움이 되지 않는다. 우리를 위로해주지 못할 뿐만 아니라, 앞으로 나아가는 것을 오히려 방해한다. 또한 그런 감정들은 사람을 매우 감정적으로 만드는 경향이 있다.

우리 인간이라는 존재는 이성적인 면과 감정적인 면을 모두 가지고 있다. 그리고 두 측면 모두 우리의 삶에 반드시 필요하며 존중되어야 한다. 성공의 비결은 감정적인 면이 자연스럽게 표현되도록 하되(즉, 감정적인 측면을 인정하되) 이성적인 면이 서서히 주도권을 잡아갈 수 있도록 하는 것이다.

감정적인 측면 인정하기

- 분노와 좌절, 충격 등의 감정이 손실에 대한 자연스러운 반응임을 사람들에게 상기시켜라. 사람들은 자신이 느끼는 감정을 그대로 받아들일 수 있어야 한다. 변화에는 언제나 어떤 손실이 따르게 마련이다. 그것이 일자리일 수도 있고, 동료나 어떤 역할일 수도 있다. 심지어는 자기 자신의 정체성을 잃어버리는 경우도 있다. 그런 손실이 발생했다는 사실은 당연히 인정받아야 하고, 슬퍼하는 것도 자연스러운 일이다.
- 슬퍼하는 것을 막지 말고 슬픔의 감정이 자연스럽게 정리될 때까지 놔둬라.
- 인내심을 가져라. 직면한 상황을 이해하고 여러 심리적 단계들을 거쳐 그것을 극복하려면, 시간이 필요하다는 사실을 인정하라. 하룻밤 사이에 해결될 일이 아니며, 그 기간도 사람마다 다 다르다. 그러나 너무 오랜 기간 자기연민과 슬픔에 빠져 있도록 놔두지 말라.

| 출처 | 하버드 경영대학원(2003). 변화 경영의 핵심 전략. pp. 143-144.

여기에서 주목할 것은 일단 사회복지사를 소진시키는 요인이 무엇인지를 파악한 다음에 몇 가지 질문을 해보는 것이 도움이 될 수 있다는 점이다.

첫째, 사회복지사를 소진시키는 요인이 시간이나 열정, 돈, 마음의 평안이란 측면에서 어떤 대가를 치르게 하는가? 대가가 큰 것에 초점을 맞춰보는 것도 좋을 것이다. 다른 것은 참고 견디거나 나중에 다루기로 하고 우선은 제쳐두는 것도 좋다.

둘째, 소진은 겨울 추위처럼 시간이 가면 사라질 것인가? 그렇다면 사라질 때까지 잠시 동안 견뎌보는 것도 좋을 것이다. 도저히 없애버릴 수 없다면 때를 기다리며 인내하는 것이 지혜로운 처신이다.

셋째, 사회복지사를 소진시키는 요인이 값비싼 대가를 요구하고 상당 기간 지속될 것 같다면, 이를 제거하거나 나에게 미치는 영향을 줄이기 위해 내가 취할 수 있는 행동은 무엇인가? 때때로 이런 행동이란 시간을 관리하는 원칙을 적용하거나 업무상의 일정에서 어떤 계획을 빼버리는 것을 의미할 수도 있다. 무언가를 버리든지, 휴가를 떠나거나, 가장 골치 아픈 항목을 마무리 짓기 위해 당신의 행동 목록에서 상당한 시간을 내는 것을 뜻할 수도 있다.

넷째, 이렇게 사회복지사를 소진시키는 요인들에서 긍정적인 면은 무엇인가? 그리고 사회복지사로서 이와 같은 요인들로부터 무엇을 배울 수 있는가?

이 마지막 질문에 대해 좀 더 생각해 보자. 이를테면 요구가 많은 어떤 서비스이용자가 사회복지사인 당신을 소진시키고 있다면, 당신은 어떤 반응을 하기 원하는지 스스로에게 자문해 보아야 한다. 한계를 설정하는 것이 아마도 적절할 것이다. 그러나 만약에 바로 그 피곤하고 귀찮은 서비스이용자에게 서비스를 제공하는 것이 꼭 필요한 실천개입

일 가능성은 없는가?

이러한 재평가의 과정이 흔히 사회복지사들이 '재구성(reframing)'이라고 부르는 것이다. 사회복지사인 나를 소진시키는 부정적으로밖에 볼 수 없는 이 상황을 다르게 구성하여 새로운 시각으로 보도록 노력해 보는 것이다. 가장 파괴적으로 나를 소진시킨다고 생각되던 것이 아름답고 보람된 무엇인가로 변할 수도 있을 것이다.

개선을 위한 사회복지사의 행동방식

리더가 사회복지 조직을 성공적으로 경영하기 위해서는 문제 상황이나 조직의 발전을 가로막는 장애 요인들을 없애야 한다. 사회복지 조직의 경영을 개선하기 위해서는 먼저 사회복지사의 행동방식이 수정되어야 할 필요가 있다. 즉, 사회복지사의 행동방식을 바꾸기 위해서는 수정해야 할 대상을 먼저 제시하고 그에 따른 처방을 해야 한다.

첫째, 습관이 있다. 사회복지사는 자동적으로 행동이 이루어지도록 특정한 방식으로 일하는 법을 터득한다. 가령 자동차를 타고 가다 방향을 바꿀 때 운전자는 방향전환 신호를 한다. 대부분의 운전자는 이 행동을 무의식적으로 하는데, 이는 습관이 되었기 때문이다. 또 다른 예로는 사회복지사 중 많은 이들이 습관적인 방식으로 똑같이 일하고, 좌절감에 빠지면서도 여전히 똑같은 접근법을 사용해서 낭패에 빠지는 경우이다. 옛날 방식이 효율성이 높지 않다 하더라도, 사회복지사는 여전히 그 방식을 사용하는 것이다.

왜냐하면 익숙하기 때문이다. 그리고 대개의 경우에는 그 옛날 방식이 미치는 영향을 의식조차 하지 못한다. 그러면 어떻게 개선할 수 있는가? 가장 먼저는 습관은 변화될 수 있음을 인정하고, 변화에 헌신하며, 과거의 습관이 드러날 때마다 그리고 사회복지사인 내가 변화할 때 새로운 변화를 기억하는 방법을 찾아야 한다. 그리고는 습관화시켜야 한다. 그 다음 새로운 습관이 형성될 때마다 자신에게 보상을 할 필요가 있다. 가령 새로운 습관을 정착시킨 자신을 자랑스러워 하는 것을 들 수 있다.

둘째, 두려움이다. 익숙하지 않은 다른 방식으로 일하는 것은 두려운 일이다. 새로운 행동 방식은 그래서 두려울 수밖에 없다. 이러한 경우에는 신뢰할만한 동료 사회복지사나 슈퍼바이저 아니면 친구에게 털어놓고 말할 필요가 있다. 자기패배적인 대화를 지양하고 긍정적인 태도를 가져야 한다. 자꾸만 더 나빠질 수 있는 가능성을 상상하는 것부터 없애가야 한다.

셋째, 마음가짐이다. 이는 사회복지사가 세상을 바라보는 방식이기도 하다. 그런데 만약 어떤 사회복지사가 어릴 때부터 "너는 아무 짝에도 쓸모없는 인간이야!" 라는 말을 수없이 반복해서 들으며 성장했다고 하자. 아마도 그는 사회복지사가 되었어도 여전히 "나는 아무것도 제대로 할 수 없다!" 는 자기 패배적인 마음가짐을 발전시켰을 것이다. 이러한 부정적인 사고방식을 떨쳐 버리려고 무던히 노력하겠지만 그것은 그리 쉽게 해결되기가 어려울 것이다. 또 다른 한편 사회복지사로서 사회복지실천 현장에서 오랫동안 일하다 보면 자꾸만 부정적인 마음으로 변해갈 수도 있다.

바로 이때 부정적인 마음가짐을 긍정적인 믿음으로 대치해야 한다.

변화의 가치를 재검토하고, 새로운 헌신을 끌어낼 필요가 있다. 초점을 다시 명확히 하고, 성장과 열정을 연계하며, 관심을 주입하거나 다시 새롭게 사회복지실천을 수행할 방법을 찾으려는 노력이 있어야 한다.

섀클턴은 위기 앞에서 어떻게 했는가?

어니스트 섀클턴 경(Sir Ernest Shackletion)과 그의 함선 인듀어런스(Endurance) 호의 실패로 끝난 남극탐험 이야기는 많은 이들이 책과 영화로 접해 본 적이 있을 것이다. 비록 섀클턴이 자신의 당초 목표를 달성하는 데는 완전히 실패했지만, 어려운 역경 속에서 선원들을 단결시켜 결국 한 명의 희생자도 없이 모두 귀환하는 데 성공함으로써 그는 위대한 영웅으로 칭송받게 되었다. 극한 상황 속에서 그가 보여준 리더십과 위기관리능력은 변화관리를 배우고자 하는 이들에게 시사하는 바가 크다.

인듀어런스 호는 1914년 영국을 출발했다. 탐험대의 목표는 남극 부근의 해안에 도착하여 거기서 탐험대를 이끌고 남극을 거쳐 대륙 반대쪽까지 횡단하는 것으로, 과거 어느 누구도 달성하지 못했던 위업이었다. 그러나 섀클턴의 배는 전초기지에 도착하기도 전에 웨들 해(Weddell Sea) 부근에서 부빙에 갇혀 버렸다. 배와 선원들은 그 이후 얼음이 깨져 뱃길이 생길 때까지 거의 15개월 동안을 그런 상태로 견뎌야 했다.

인듀어런스 호의 선원들은 자신들이 추구하던 목표가 좌절되는 것을 보아야 했고, 그동안 소망하고 준비했던 모든 것들이 한순간에 날아가 버리는 경험을 해야 했다. 그들은 세상과 완전히 단절되어 누구로부터도 도움이나 구조를 기대할 수 없는 상황이었다. 결국 얼음의 압력에 의해 배의 양쪽 면에 금이 가기 시작했을 때, 굶주림과 죽음의 공포는 극에 달할 수밖에 없었다.

이런 극한 상황에서 그들의 리더는 탐험대원들이 정신적 · 육체적으로 약해지지 않도록 하기 위해 어떤 방법을 사용했을까? 당시 섀클턴이 취했던 효과적인 조치 세 가지를 소개한다.

◘ 그는 뜻밖의 난관에 부딪히자 즉시 선원들에게 새롭고 적절한 목표를 제시했다.
선원들은 얼음이 깨져 구명보트를 타고 탈출할 수 있을 때까지 부빙 위에서 살아야 할 상황이었다. 그들에게는 달성해야 할 가치 있는 목표가 있었기 때문에 에너지와 용기를 유지할 수 있었다.

◘ 그는 모든 사람을 바쁘게 만들었다.
부빙 위에서의 15개월은 선원들을 끔찍한 비극으로 몰고 갈 수도 있었을 것이다. 이런 점을 잘 아는 섀클턴은 모든 사람을 바쁘게 만들려고 늘 애썼다. 기상정보는 하루도 빠짐없이 기록했다. 정기적으로 팀별 축구 경기와 개썰매 경주를 열어 선원들 간의 결속을 유도하고, 정신적 · 육체적 건강을 유지하게 만들었다. 정기적으로 연극을 공연할 드라마 팀도 만들게 했다. 배가 얼음에 의해 완전히 부서질 때까지 선원들은 계속해서 수선 작업에 전념했다. 각종 기념일에는 반드시 축하 행사를 열었다.

◘ 힘들고 하기 싫은 잡일을 모두가 똑같이 분담했다.
선장인 섀클턴과 다른 리더들도 나머지 선원들과 똑같이 먹고 자며 일했다. 따라서 탐험대 내에 '그들'과 '우리'라는 개념은 있을 수 없었고, 모두가 일치단결할 수 있었다.

1916년 4월, 마침내 부빙이 깨지기 시작하자 선원들과 비상식량으로 가득 찬 구명보트가 혹한의 바다를 향해 출발했다. 그 후 수개월에 걸쳐 계속된 고난과 위험에도 불구하고, 섀클턴 탐험대의 모든 대원은 살아남아 한 명의 희생자도 없이 안전하게 영국으로 돌아왔다.

| 출처 | 하버드 경영대학원(2003). 변화 경영의 핵심 전략. pp. 154-155.

Part III

복지경영 방법

우리가 일하는 이유는 바로

어르신들의 행복한 삶을 창출해내기 위해서인 것이다.

이렇게 어르신들의 행복을 위해

열심히 일하게 되면

많은 어르신들이

역동적인 삶을 살 수 있게 될 것이다.

| 출처 | 화성시남부노인복지관 관보 『만사대전보』 4호, '우리가 일하는 이유' 중에서.

제3부에서는 복지경영의 방법을 구체적으로 살펴보고자 한다.

복지경영에서 중요한 인적자원인 사회복지사의 역량을 강화하기 위해서는 획기적인 패러다임의 전환이 있어야 함을 제9장에서 주장하였다. 특히 '사회복지실천 성과 역량'과 '뛰어난 성과'라는 새로운 개념을 도출해 보았다. 이는 향후 사회복지 조직의 효율적인 경영에 있어서 가장 중요하게 다루어야 할 기초적인 요인이 될 것이다.

한편, '복지경영'을 통해 사회복지실천의 성과를 극대화하려고 할 때, 그 무엇보다도 절실한 접근방법은 사회복지사가 신바람나게 일할 수 있는 여건을 조성해 나가야 하는 것이다. 그래서 과도한 근무 일변도의 사회복지실천 현장이 사회복지사가 공부하고 창조적인 아이디어를 산출해낼 수 있는 여백을 만들어주는 학습 활동 체제를 제안하였다.

제10장에서는 사회복지 마케팅의 개념을 정리한 후에 연이어 실제적인 마케팅 전략으로서 '브랜딩'과 '포지셔닝'을 제시하였다. 특기할 만한 것은 사회복지 마케팅을 '공공 부문과 영리 및 비영리 부문'의 통합 마케팅으로 개념화하였다는 점이다. 앞으로 많은 논의가 필요하겠지만 치열한 고민거리를 사회복지실천 현장에 내놓았다는 측면에서 의미가 있다고 본다.

제11장에서는 사회복지 조직을 경영하는 리더가 가지고 있어야 할 리더십의 유형과 리더십을 활용하는 구체적인 방법에 대해 설명하고자 했다. 급격한 양적 성장에 따른 내적 성숙이 그 어느 때보다도 중요한 오늘 우리나라의 사회복지실천 현장에서 훌륭한 리더십이 더 강력하게 요구되고 있다.

제12장에서는 복지 친화적인 지역사회를 만들기 위해 '소셜플랫폼'을 통한 지역사회 구성 전략과 방법을 제안해 보았다. 사회복지 조직이 최근 지나치게 관료적이며 행정 중심적이 되어가는 것이 아닌지에 대한 우려가 큰 현실에서 사회복지 조직이 지역주민의 자발성과 주체성을 키워나가는 지역사회의 거점이 되어야 한다는 절박한 마음을 자연스럽게 담아 보았다.

Chapter 9

인적자원: 사회복지사의 역량강화

사회복지실천에서 사회복지사는

'자기 자신' 을 무엇보다도 중요한 도구로 활용한다.

복지경영이 성공적으로 수행되기 위해서는 사회복지 조직의 업무와 사회복지사들, 사회복지사들이 사용하는 실천 방법과 기술, 발굴되거나 연계된 사회자원 등 모든 가용자원을 잘 배치하고 연결하여 사회복지 조직의 가치와 목표를 최대한 달성하도록 애써야 한다.

이렇게 본다면 복지경영의 핵심적인 성패 요인은 다양한 자원들을 얼마만큼 잘 활용하느냐에 달려 있다. 이와 같은 자원들 속에는 사회적 자본을 포함하여 여러 가지 유형의 자본들, 정보, 시간, 특히 인적자원 등이 있다.

경영이란 다양한 자원들을 효율적으로 활용하는 것이며, 인적자원 관리란 여러 자원들 중에서 조직의 인적자원을 효율적으로 관리하는 것을 말한다.

그런데 사회복지 조직의 경우 기업이나 공공 부문과 달리 많은 국민들로부터 사회복지 조직이 수행하는 사회복지실천이라고 하는 활동은 그저 가난하고 소외된 취약계층의 사람들을 돕는 '좋은 일' 로만 주로 인식되어 왔다. 그러다 보니 사회복지 조직의 리더나 중간관리자, 대부분의 사회복지사들은 전문가로서 체계적인 인적자원 관리의 대상이라기보다는 좋은 일을 하는 착한 사람, 가만히 내버려두어도 알아서 자신의 일을 '성인군자' 처럼 차분하게 '척척' 감당해 나가는 사람으로 생각했다.

하지만 세상은 녹록치가 않다. 복잡다단하게 얽히고설켜 있는 현실 세계 속에서 사회복지사는 사람들의 문제가 사회적으로 대두되고 그것들이 사회적 혹은 국가적으로 해결해야 할 책임으로 인식될 때 국가로부터 위임받아 그러한 문제들에 적극 개입해야 한다. 그래서 사회복지사는 어느 누구보다도 사회 현상에 대한 깊은 이해와 통찰을 갖고 있어야 한다. 사회복지사는 사람들의 삶의 상황과 그 이면의 모습도 파악할 수 있어야 한다. 따라서 사회복지사는 끊임없이 공부해야 하고, 삶의 현장에서 시시각각 일어나는 변화에 발 빠르게 대응할 수 있는 역량을 갖추기 위해 애써야 한다. 따라서 사회복지사는 그 어떤 전문가나 심지어 역량강화를 위한 집중적인 교육과 훈련을 받는 대상인 대기업 직원보다도 훨씬 더 세심하게 인적자원으로서 관리되어야 한다.

사회복지사는 서비스이용자들에게 양질의 사회복지서비스를 제공해야 하는 수준 높은 전문가이어야 한다. 여타의 휴먼서비스 전문가들은 서비스이용자들이 지출하는 비용으로 서비스를 제공하지만 사회복지사의 경우에는 국가가 전적으로 또는 상당 부분을 부담한다. 그래서 사회복지사는 사회적 책무성에 대한 투철한 인식을 갖고 있어야 한다. 마치 공군 조종사 한 사람을 양성하기 위해 국가가 엄청난 투자를 하고, 그에 따라 일정 기간 '군 복무'를 의무적으로 해야 하는 것처럼 사회복지사도 물론 조종사만큼은 아니어도 사회복지라는 사회제도의 울타리 안에서 국가가 지원하는 자금에 의해 국가가 위임한 서비스개입을 해야 하는 공공재적 특성을 갖고 있는 전문가임에 틀림없으므로 사회복지사야말로 인적자원으로서의 철저한 관리가 필요한 것이다.

잭 웰치(Jack Welch)의 인재제일주의

다국적 거대기업 GE(General Electric Co.)에 역대 최연소 최고경영자로 취임했던 잭 웰치(Jack Welch)는 임기 중에 250억 달러였던 매출을 1,300억 달러로, 6%였던 영업이익률을 18.9%로, 시가총액은 150억 달러에서 25배인 3,880억 달러로 끌어올렸다.

은퇴를 앞둔 그에게 그동안 무엇을 어떻게 했기에 이러한 엄청난 변화를 가져올 수 있었는지 묻자 그는 다음과 같이 간단히 대답했다.

"저는 임기 내내 제 시간의 75%를 인재를 찾고, 선발하고, 배치하고, 교육하고, 평가하고, 보상하고, 내보내는 데 사용했습니다."

그는 취임했던 그 이듬해에 낡고 유명무실해진 크로톤빌 연수원을 리모델링하려는 공사비 4,600만 달러짜리 기안서를 결재하면서 투자회수 예정액을 '무한대'라고 써넣었다. 그의 예측은 그대로 맞았다. 결국 그의 경영비법은 인적자원 관리가 전부였다.

| 출처 | 임창희(2014). 인적자원 관리. p. 11.

사회복지사는 자원이다

사회복지 조직에서 일하는 사회복지사들을 소중한 인적자원으로 본다면 이제는 어떻게 그들을 훌륭한 인적자원으로 개발해서 그들의 역량을 지속적으로 최대화하되, 소진되지 않고, 열정과 사명으로 현장에서 일하게끔 관리할 수 있는지를 살펴보아야 할 것이다.

실제로 사회복지 조직이 지속적으로 성숙·발전하기 위해서는 그 무엇보다도 시스템과 운영의 효율성이 요구된다. 운영의 효율성은 전적으로 인적자원이 결정한다. 그러므로 인적자원에 대한 교육과 훈련이 중요하다. 교육과 훈련이야말로 전문성과 헌신적 마인드를 유지시키고 최대화시키는 최선의 방도이다. 결국 인적자원으로서 사회복지사의 역량을 강화하기 위해서는 교육과 훈련이 가장 중요하다.

'사회복지실천 성과 역량'과 '뛰어난 성과'

인적자원으로서 사회복지사의 역량을 계발하고 지속적이며 안정적으로 관리하기 위해서는 어떻게 해야 하는가? 한 마디로 말하면 사회복지사가 '사회복지실천 성과 역량'을 최대한 발휘할 수 있게끔 해야 한다. 여기에서 낯선 용어가 제시되고 있다. 바로 '사회복지실천 성과 역량'이다. 이 말은 이 책에서 처음으로 제안해보는 개념이다. 사회복지사라는 인적자원을 개발하고 관리한다는 것은 '그들이 갖고 있는 전문가적 능력을 최대한 발휘하게끔 이끄는 것'이다.

'사회복지실천 성과 역량'이란 탁월한 '양질의 인적자본'을 갖추어 '주체적인 자기인식'을 가지고 열정과 성실로 새로움과 변화를 추구하는 사회복지사 그리고 서로 신뢰하고 헌신하며 협력하는 사회복지사로부터 산출되는 높은 생산성이라고 할 수 있다.

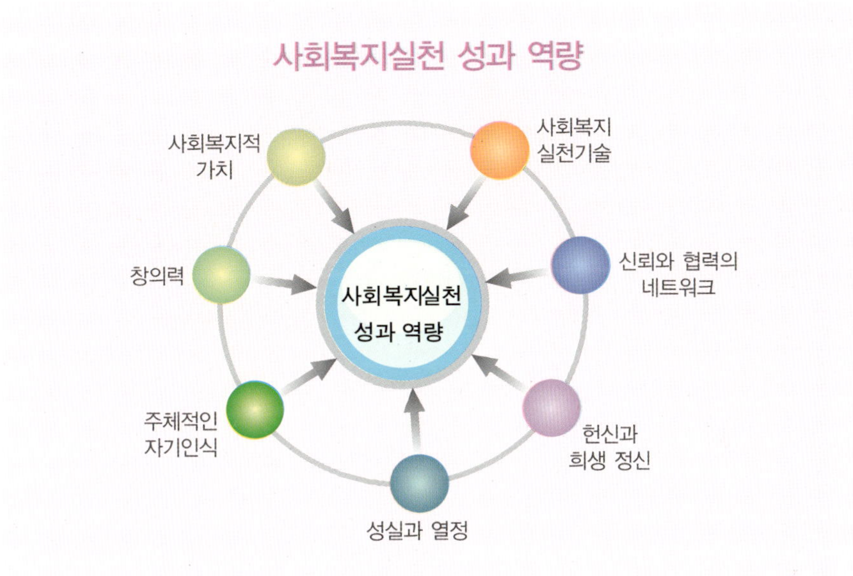

앞의 그림에서와 같이 '사회복지실천 성과 역량'이란 사회복지사의 사회복지적인 가치와 창의력, 주체적인 자기인식, 성실과 열정, 헌신과 희생정신, 신뢰와 협력의 네트워크, 사회복지실천기술 등에서 창출되는 노동생산성이라고 할 수 있다. 즉, '사회복지실천 성과 역량'은 사회복지사들이 신뢰와 협력의 네트워크 속에서 창의적 정신을 발휘할 때에 나오는 생산성의 증가분이라고 정의할 수 있다.

그런데 사회복지사로부터 나오는 '뛰어난 성과(outstanding outcome)'는 사회복지사의 창조성과 헌신이 결합할 때에 창출된다. 이와 같은 창조성과 헌신은 사회복지사가 즐거운 마음을 갖고 창조적 문화에서 열정을 다해 일할 때에 발현된다. 창조와 헌신은 사회복지사 개인이 조직 혹은 부서나 팀의 공동목표를 위해서 자율적으로 일할 때에 발휘된다. 개인들이 집단적으로 조직의 공동목표를 위해서 노력하고 헌신하며 창조성을 발휘하면 자연스럽게 높은 수준의 '뛰어난 성과'로 나타난다. 자율성과 헌신이 결합될 때에 신뢰가 구축됨으로써 막대한 '대리 비용'을 절약할 수 있고, 창조성이 발현됨으로써 지속적인 혁신이 가능해지기 때문이다.

'뛰어난 성과'를 내는 사회복지 조직은 '인적자원 중심 기관'이다. '인적자원 중심 기관'이란 복지경영에서 사회복지사의 '인식'과 '감정'에서 오는 힘을 믿고 이를 최대한 활용해서 경쟁력을 확보하도록 경영하는 사회복지 조직으로 개념화할 수 있다.

'뛰어난 성과'를 내는 사회복지 조직은 사회복지사의 창조성과 헌신적 노력을 유도해 조직의 혁신, 서비스품질 개선 등을 성취해 나간다. 또한 인재 채용과 학습을 중시하고, 고용안정성과 투명성 등을 복지경영의 원칙으로 삼아야 한다.

'뛰어난 성과'를 내는 사회복지 조직이란 변화에 대한 신속한 반응과 혁신을 통해서 높은 수준의 성과를 달성하는 사회복지 조직이다.

'뛰어난 성과'를 내는 사회복지 조직의 복지경영 전략 중에서 특히 자율적으로 활동하는 부서 혹은 팀은 뛰어난 성과를 내는 사회복지 조직의 핵심적인 요인이다. 자율적으로 활동하는 부서 혹은 팀이 작동하기 위해서는 분권적 경영 하에서 현장 실천개입 부서 혹은 팀의 자율적인 의사결정 및 현장 학습이 복지경영의 기본 전략이 되어야 한다.

'과도한 근무 중심 체제' 에서 '학습 활동 체제' 로의 획기적 전환

어떻게 해야 사회복지사가 '뛰어난 성과' 를 낼 수 있도록 사회복지 조직이 그 역할을 할 수 있겠는가?

그 어떤 일보다도 중요한 접근이 필요하다. 즉, '과도한 근무 중심의 사회복지 조직 체제' 를 '학습 활동 체제' 로 전환해야 한다. 우리나라의 사회복지실천 현장은 정말 분주하다. 아니 쉴 새 없이 바쁘게 돌아간다. 새로운 업무라기보다는 항상 다람쥐 쳇바퀴 돌듯이 어렵고 힘든 사람들의 고통스런 삶의 문제를 주로 다루거나 사회적 소외계층이 기본적으로 먹고 살 방안을 마련하고 함께 그 속에 뛰어든다. 혹은 돌보아야 할 사람들은 극진히 봉양하듯 서비스개입을 한다. 그러다 보니 쉴 시간이 없다. 당연히 충전하고 준비하고 공부할 여력이 없어 보인다. 자연히 2~3년만 지나면 소진이 오고, 그 소진을 극복하기보다는 소진에 순응하며 타성에 젖어드는 경우가 다반사이다.

이래서는 안 된다. 그럼 어떻게 해야 하나? 일 중심의 사회복지 조직 체제를 뛰어넘어 공부하고 토론하는 학습 패러다임이 사회복지 조직 내에서 구축되어야 한다. 과도한 근무 중심 체제 하에서 사회복지사에게 사회복지 조직은 단순히 일하는 곳이었다. 이제는 사회복지 조직이 단순히 사회복지사가 일하는 곳만이 아니라 행복한 직장이면서 미래를 꿈꾸고 자신의 발전을 도모하는 생활 놀이터와 같이 열정과 의욕이 넘치는 일터가 되어야 한다. 그러기 위해서는 사회복지 조직이 '학습 활동 체제' 로 변화되어야 한다.

사회복지실천이라는 사회복지사가 감당하는 업무 즉, 일의 개념을 바꾸어야 한다. 학습과 일이 별개의 것이 아니라 학습과 일이 하나가 되어야 한다. 학습은 오히려 일보다 우선시되거나 최소한 동등하게 인식되어야 한다. 학습 자체가 일로 인식되어야 한다. 학습이 과외의 일로 인식되어선 안 되고 정규 근무시간에 포함되어야 한다.

유한킴벌리의 '4조 2교대 근무제도'

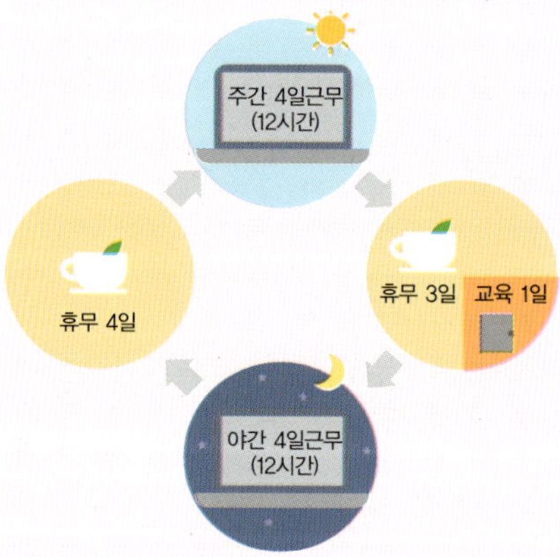

4조 2교대 근무제도란?

2개조가 12시간씩 1일 24시간을 근무하는 동안 나머지 2개조는 휴무나 교육을 받을 수 있도록 한 제도이다.

IMF 경제위기 당시 유한킴벌리는 일부 생산라인을 멈춰야 하는 큰 어려움을 겪었다. 공장가동률이 저하되고, 노사 간의 긴장 분위기가 고조됨은 물론, 생산현장에선 대량감원의 위험이 높아진다는 불안감도 커지고 있었다.

이러한 위기를 극복하기 위해 유한킴벌리는 대전공장에서 1993년부터 시행하고 있는 '평생학습 기반의 4조 근무제도'의 전면 도입을 제안하였다.

처음 노조에서는 실질임금이 저하된다는 이유로 반발하기도 했지만 IMF 체제 이후 회사의 상황이 더욱 악화되자 근로자들은 긍정적으로 도입을 결정했고, 단계적으로 유한킴벌리 전 공장에서 4조 근무제가 실시되었다.

| 출처 | 유한킴벌리 홈페이지(http://www.yuhan-kimberly.co.kr).

유한킴벌리의 '4조 2교대 근무제도' 도입효과

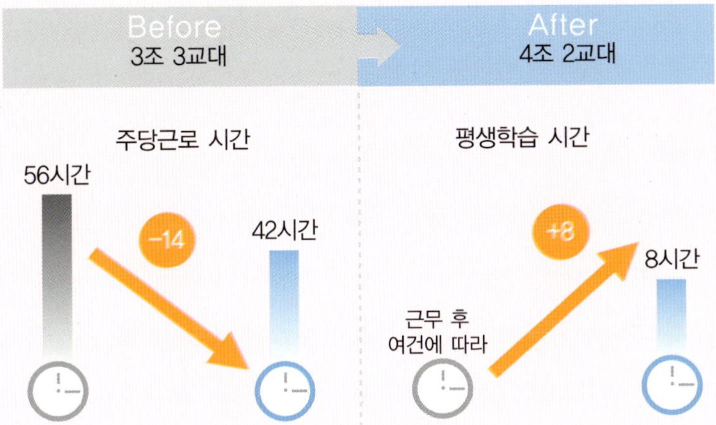

도입 초기에는 우려도 많았지만 4조 2교대 시스템은 예상외로 큰 성과를 내기 시작했다.

기계를 연간 360일 가동하게 되고 충분한 휴식과 새로운 기술을 학습한 직원들에 의해 생산성이 높은 속도로 향상되었으며, 사업장 내 안전사고가 감소하여 제조업 중 가장 낮은 수준의 재해율을 유지하게 되었다.

유한킴벌리는 기존 3조 3교대 근무에서 4조 2교대 근무제도를 도입함으로써, 개인별 주당 근무시간을 줄이고, 줄어든 시간 동안 직원들에게 충분한 휴식과 새로운 지식습득과 공유를 가능하도록 함으로써 평생학습을 위한 기반을 마련하였다.

| 출처 | 유한킴벌리 홈페이지(http://www.yuhan-kimberly.co.kr).

학습 활동 공동체 구축

일 위주의 근무 시스템을 학습 활동 위주의 근무 시스템, 즉 학습 활동 공동체로 전환해야 한다. 학습 활동 공동체란 환경 변화에 대한 조직의 적응 전략으로 생존과 성장, 그리고 발전의 원동력이다. 사회복지 조직은 학습 활동 조직을 통해 지속 가능한 성장을 달성할 수 있다.

학습 활동 공동체를 형성하는 것은 사회복지 조직의 핵심 역량뿐만 아니라 핵심 역량과 관련된 지식이나 방법을 창출하고 공유하며 확산하는 접근이다. 따라서 학습 활동 공동체는 핵심 인재만을 중시하는 기존의 접근과는 달리 전 직원의 역량을 강조한다. 서비스개입 실천 부서 간, 팀 간, 팀원 간 시너지를 강조한다. 이렇게 학습 활동 패러다임을 사회복지 조직 내에 구축하기 위해서는 우선 사회복지사의 학습 활동 시간이 확보되어야 한다. 학습 활동 시간이 확보되려면 일하는 시간이 줄어야 한다. 일하는 시간을 줄이려면 현재의 근무 시스템을 바꾸어야 한다. 일 위주로 짜여진 기존의 근무 시스템을 학습 활동 위주로 새로 짜야 한다. 결과적으로 사회복지 조직의 인력의 수를 늘려야 한다. 일하고 학습하고, 학습하고 일하는 구조를 만들어야 한다.

따라서 사회복지실천 현장 중심의 학습 활동 지원 체제로 전환해 가야 하는 것이다. 기존의 교육과 훈련은 주입식 집체교육과 집체훈련 중심으로 이루어져 있다. 이런 식으로는 사회복지사의 역량을 강화할 수 없다. 그러므로 집체교육이 아닌 현장 중심의 학습 활동이 강조되어야 한다. 더욱이 사회복지실천의 다양성에 의해 사회복지 조직 내의 각 부서나 팀마다 차별화된 학습 활동 수요가 있으며 큰 편차가 존재한다. 그러므로 차별화된 현장 중심의 학습 활동을 지원하도록 지원 대상과 시스템이 바뀌어야 한다. 이를 위해서는 집체교육과 훈련 일변도에서 벗어나 차별화된 현장 중심의 학습 활동 지원 체제로 시급히 전환하여야 한다.

근로자 지원 프로그램 도입

사회복지사의 역량을 강화하기 위한 또 하나의 접근은 '근로자 지원 프로그램(EAP: Employee Assistance Program)', 즉 EAP를 사회복지 조직에 도입하는 것이다. 여기에서 대두되는 한 가지 질문은 '사회복지사도 서비스를 받아야 하는가?' 이다. 그 대답은 분명하다. '그렇다!' 이다. 지금까지 사회복지 조직에서 일하는 사회복지사들의 복지와 그들의 안녕에 대해서는 너무도 무심해왔던 것이 사실이다. 중요한 것은 '사회복지사가 행복해야 된다.' 는 점이다. 즉, 사회복지사의 '자기 복지' 가 실현되어야만 서비스이용자의 복지 증진을 도모할 수 있다.

그런 맥락에서 사회복지사에게도 EAP는 필요하며 매우 유용하다고 할 수 있다. EAP는 직무성과에 영향을 미칠 수 있는 사회복지사의 문제를 완화하기 위해 조직 내부나 외부의 자원을 이용해서 제공하는 심리사회적 서비스로서, 그 개입의 대상은 문제를 가진 사회복지사와 가족, 친지, 사회복지 조직, 지역사회 전체를 포괄한다.

그러므로 EAP는 사회복지사들이 사회복지 조직이라는 직장 환경 속에 있는 자신과 가족, 그리고 자신과 연결되거나 관계된 집단 및 지역사회를 현재 있는 지점에서 그들이 바라는 더 유능하고 만족스러운 지점까지 나아가도록 인도하는 기술이자 행위이다.

이러한 EAP야말로 사회복지사들이 다시금 열정을 되찾고 자신감을 가지고 잠재력을 발휘하여 서비스이용자들에게 나아가게끔 돕는다. 따라서 EAP는 단순한 '상담' 이 아니라 근로자로서의 사회복지사가 자신이 몸담고 있는 사회복지 조직에서 행복한 직장생활을 할 수 있도록 스트레스 관리, 정신건강 관리, 고용유지, 직장 환경 개선 등의 영역을 전반적으로 아우르면서 생활지원, 건강증진 및 웰니스(wellness), 위험관리 등을 구체적으로 수행해 나가는 전문적인 실천 활동이라 할 수 있다(채준안 · 이준우, 2012).

여기서 '생활지원서비스' 는 일상생활에서 겪게 되는 크고 작은 문제들에 대해 신속하고 전문적인 정보를 제공함으로써 문제해결을 돕는 프로그램을 말한다. 이를테면 가정 내의 부부관계, 자녀 양육과 교육, 노부모 부양 및 이성 관계, 결혼문제, 우울, 분노와 같은 정서적인 불안감 등 사적인 영역도 포함하는 포괄적인 서비스이다. 계속 제기되는 의문은 사회복지사에게도 이와 같은 '생활지원서비스가 필요하겠는가?' 이다. 다시 한 번 강조하지만 사회복지사에게도 '생활지원서비스' 는 필요하다. 다른 사람들을 돕는 데에만 온통 에너지를 집중하다 보니 정작 사회복지사인 자신의 문제들은 어디에 하소연하기도 어려운 것이 현실이기 때문이다.

또한 '건강증진 및 웰니스 프로그램' 도 있다. 이는 열악한 사회복지 실천 현장에서 여러 형태의 서비스이용자들을 접하며 서비스 개입실천을 함으로써 겪게 되는 스트레스와 정신건강 문제 등을 해소하는 데에 유익한 프로그램이라 할 수 있다. 사회복지사가 질병에 걸리거나 과도한 스트레스 상황에 빠지지 않도록 예방적인 차원에서 바람직한 건강의식 및 행동을 고취하게끔 해서 신체적 · 정신적 건강을 유지하고 증진하는 데 도움을 주는 EAP 프로그램이다.

끝으로 '위험관리' 이다. 위험관리는 잘 드러나지 않는 행동적 위험요인에 대처해야 한다는 전제로 사회복지사와 관련된 여러 가지 위험성, 이를테면 업무와 관련된 정신질환, 개인적 문제에 의한 업무수행능력 저하, 업무상 사고 등을 방지하기 위한 서비스이다. 사실 폭력적이거나 알코올문제를 동반하고 있는 비자발적인 서비스이용자들로부터 받는 지속적인 스트레스나 위협 등은 사회복지사에게 상당한 위험으로 다가올 수 있다. 이와 같은 위험상황을 미연에 방지하고 또는 적극적인 지원을 통해 위험에 처하지 않게 하거나 처했을 경우에 신속하게 극복하도록 돕는 일이 대단히 중요하다고 할 수 있다.

사회복지사의 역량이 강화되고 사회복지사가 행복해하며 사회복지실천을 수행해야만 서비스이용자들도 행복해지며 그들의 삶의 질도 향상되는 것이다.

다양한 EAP 서비스 영역

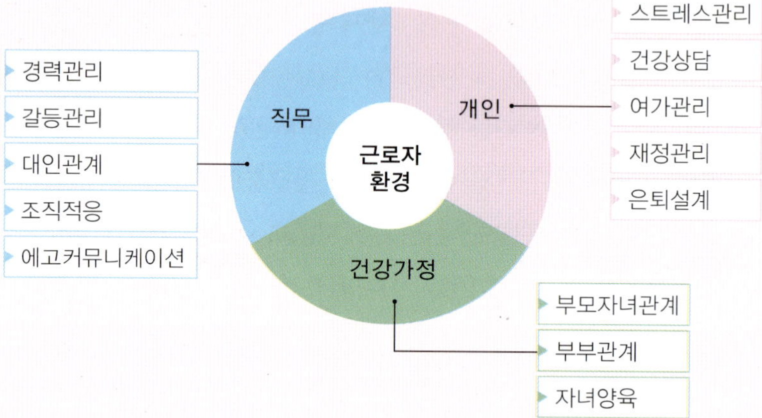

| 출처 | SL컨설팅 EAP연구소 홈페이지(http://www.koreaeap.co.kr).

Chapter 10

마케팅: 통합 마케팅 그리고 '브랜딩'과 '포지셔닝'

사회복지 조직도 마케팅을 해야 한다.

우리가 하는 사회복지실천이 방방곡곡에서 의미 있고

소중한 활동임을 당당하게 표현해야 한다.

사회복지 조직은 공공 부문과 영리 부문, 비영리 부문을 모두 포괄하면서도 '사회복지실천' 이라고 하는 활동의 성격을 드러내는 독특성을 동시에 갖고 있다. 그래서 사회복지 조직에서 수행하는 '사회복지 마케팅' 은 이 세 영역의 특성이 융합되어 새로운 형태의 고유한 모습으로 거듭나야만 한다.

마케팅의 개념

일반적으로 '마케팅' 은 '교환과정을 통해 인간의 필요를 충족시키는 모든 활동' (Kotler & Keller, 2001; 조호현 외 역, 2008)으로 흔히 정의된다. 이는 마케팅의 어원이 마켓(market), 즉 시장에서 왔다는 사실에서 볼 수 있듯이 마케팅(market + ing)은 '시장에서 움직이고 있는 모든 활동' 일 뿐만 아니라 '시장을 만드는 것' 이라 할 수 있다. 이러한 마케팅은 시장을 확장하기 위해 일반 기업이 적극적으로 활용해야만 하는 도구로 이해되어 왔으며, 실제로 그렇게 유용하게 사용되어 오고 있다.

하지만 최근에 와서 마케팅은 단지 영리를 위한 기업의 전략과 도구로서만 아니라 공공 부문과 비영리 부문, 심지어 사회복지 분야에까지 필요한 전문적인 활동으로 인식되고 있다. 왜냐하면 세상의 모든 영역이 '시장화' 되어 가는 신자유주의 물결 속에서 효율적인 자본의 운용은 선택이 아닌 필수적인 의무사항이 되었기 때문이다. 시장에서 호응을 얻지 못하는 제품과 서비스는 더 이상 생산할만한 가치로 인정받을 수 없게 되고 만 것이다.

이런 상황에서 과거 마케팅과는 전혀 상관없어 보였던 철옹성 같은 공공 부문에서도 이제는 마케팅이 보편적으로 고려해야 하는 중요한 활동이 되고 있다. 정부와 지자체, 공공기관 등에서 적극적으로 마케팅을 하지 않으면 아무리 열심히 일했다고 해도 그 결과는 '선거' 내지 '민의' 에 의해 자신의 자리를 잃게 되는 것으로 나타난다. 무능력하다고 판단되는 지도자와 조직은 자연스럽게 퇴출된다. 누가 뭐라 해도 '선거' 는 커다란 위력을 발휘한다. 바로 이 지점에서 '공공마케팅' 혹은 '공공 부문 마케팅' 의 개념이 도입될 수밖에 없는 것이다.

공공마케팅은 공공서비스를 제공하는 주체인 정부 또는 지자체, 공공기관 등이 고객이자 정책의 대상인 시민들에게 행하는 마케팅을 포괄적으로 의미한다고 할 수 있다(Kotler & Lee, 2007). 이와 같은 '공공마케팅' 혹은 '공공 부문 마케팅' 이라는 용어에는 세 가지의 의미가 공존하는 것으로 볼 수 있다(김성기 외, 2015).

첫째, 기업의 공공 부문에 대한 마케팅이다. 이 경우에 공공마케팅의 의미는 기업 부문이 공공 부문(고객)의 욕구를 충족시키기 위한 상품과 서비스의 공급차원에서 이루어지는 마케팅적 노력이다.

둘째, 기업의 공익 마케팅이라는 의미인데, 기업이 소비자의 욕구와 사회 전체의 이해를 일치시키려는 노력에 주목한다. 일각에서는 사회적 마케팅(social marketing)이라는 용어로 주로 사용된다. 우리나라에서는 1984년부터 유한킴벌리가 펼쳐온 '우리 강산 푸르게 푸르게' 캠페인이 대표적이다. 유한킴벌리는 종이 관련 제품을 생산하기 위해 목재를 소비하지만, 거기서 발생한 수익을 나무를 심고 숲을 가꾸는 일에 사용한다. 30년이 넘는 기간 동안 50만 그루의 나무를 심는 등 꾸준히 노력해온 결과로 산림복구는 물론, 숲 환경에 대한 국민의 인식을 전환시키는 등 대한민국의 대표적인 환경 캠페인으로 성장했다. 공익 마케팅은 기업의 목적이 사회적으로 긍정적인 영향을 미쳐야 한다는 점을 강조하고 있다.

셋째, 공공 부문의 마케팅이라는 의미인데 영어 표기로는 'marketing in the public sector', 직역하면 '공공 영역에서의 마케팅' 이다. 이 용어는 필립 코틀러 등(Kotler & Lee, 2007)이 주창한 것[1)]으로 마케팅의 주체를 기업을 넘어 공공 부문까지 확산하자는 시각으로 공공 부문이 공공서비스의 혁신을 위해 마케팅 기법을 도입하자는 것이 주요 요지이다.

이처럼 영리를 지향하는 기업에서 주로 추구했던 경영전략과 그에 따른 마케팅 활동들은 이제 더 이상 영리 부문에만 국한되지 않게 되었다. 공공 부문과 마찬가지로 비영리 부문에서도 마케팅은 반드시 해야 할 활동으로 받아들여졌다. 코틀러와 함께 비영리 부문의 마케팅이 절대적으로 필요하다고 줄곧 주장해왔던 엡시(Epsy, 1992)는 비영리 조직 및 기관을 위한 마케팅 전략을 다음 세 가지로 정의하였다.

첫째, 서비스이용자 혹은 잠재적 목표집단(target audience)의 요구

1) 마케팅 분야의 저명한 학자인 필립 코틀러가 동료인 낸시 리와 2007년 펴낸 『Marketing in the Public Sector』에서 마케팅의 개념을 매우 흥미로운 방식으로 정의하였다. 일반적인 마케팅의 개념이 '만들어서 팔자' 는 것이라면 그가 주장하는 마케팅은 '느끼고 대응하자' 로 해석해 볼 수 있다는 것이다. 즉, 마케팅은 단순히 판매에 머무르는 것이 아닌 고객들의 필요를 충족시키기 위해서 설계된 프로그램과 서비스 기획단계에서부터 마케팅 활동이 이루어질 수 있다는 것이다. 그리고 이러한 차원에서 공공서비스를 제공하는 주체인 정부 또는 공공기관이 고객이자 정책 대상인 시민들에게 적극적인 마케팅을 수행함으로써 공공서비스에 대한 만족도 제고 등 여러 효과를 얻을 수 있다는 것이 그의 핵심적인 주장이다.

(wants)와 욕구(needs)가 무엇인지 정의하는 방법이다. 비영리 조직이나 기관을 이용하는 서비스이용자 및 잠재적 목표집단을 비롯하여 이들 비영리기관이 속해 있는 지역사회, 이사회, 후원자, 기부자 등과 같은 이해당사자들의 필요와 바라는 점들, 제안과 의견들을 수렴하여 정의하는 것들을 마케팅이라고 할 수 있다.

둘째, 어떤 요구와 욕구를 갖고 있는 개인 혹은 집단과 그 요구와 욕구를 만족시킬 수 있는 개인 및 집단을 한데 묶는 기제(mechanism) 혹은 방법을 마케팅으로 정의할 수 있다. 이는 비전과 사명을 갖게 되는 동기가 될 수 있다. 비영리 조직 및 기관이 설립되기 이전에 해당 지역사회의 문제는 무엇이고, 그 문제를 해결하기 위해 어떠한 요구와 욕구가 존재하는지를 파악하고 이해하여 분석함으로써 문제해결을 위해 필요한 것들이 무엇인지 정의할 수 있다.

그러한 요구와 욕구들을 만족시켜 줄 수 있는 기관의 비전과 사명을 명확히 기술하여 제시할 수 있을 것이다. 더 나아가 해당 지역사회와 속해 있는 주민들의 요구와 욕구를 만족시킬 수 있는 서비스 및 프로그램을 개발하여 제공할 수 있는지 여부를 파악해야 할 것이다. 지역사회에 필요한 서비스 혹은 프로그램이 개발되어, 해당 서비스이용자들의 요구와 욕구를 충족할 수 있다면, 다양하고 창의적인 아이디어와 혁신적인 방법들을 활용하여 서비스를 제공받고자하는 집단과 서비스를 제공하고자 하는 집단을 연결시켜 한데 묶을 수 있는 방법들과 기술들을 바로 마케팅이라고 할 수 있는 것이다.

셋째, 관련된 이해당사자들을 고려하여 개발된 서비스와 프로그램을 제공하는 것을 마케팅이라고 정의하였다. 비영리 조직이나 기관에서 제공하는 서비스 개발을 위한 이용자 집단의 '요구와 욕구' 파악은 단순히 일회성으로 그치지 않는다. 서비스이용자뿐만 아니라 기부자, 후원자, 이용자의 보호자, 기관이 속해 있는 지역사회, 서비스제공자, 이사회 등 다양한 이해당사자들의 의견과 제안요소들을 고려하고, 종합적으로 융합하여 업무 및 활동을 이행하는 것과 그에 기반을 두어 서비스와 프로그램을 제공하는 것을 마케팅이라고 할 수 있다. 특히 비영리기관은 영리기관에 비해서 다양한 이해당사자들이 존재하기 때문에 보다 심도 깊은 기관의 서비스를 개발해야 하며, 운영 및 경영적 측면에서도 보다 다양한 제안들을 포섭해야 하는 어려움이 존재한다는 점을 반드시 인지해야 한다.

각 영역의 마케팅 차이

이와 같이 마케팅의 개념과 본질 자체는 동일하지만 공공 부문과 영리 부문 그리고 비영리 부문에서 수행되는 마케팅은 분명 차이가 있다. 이러한 차이점은 공공과 영리, 비영리 영역이 추구하는 목적과 지향점에서부터 비롯될 수 있다. 이를테면 영리 부문이라 할 수 있는 기업이 존재하는 현실적이고도 궁극적인 목적은 해당 주주의 재산을 극대화하는데 있다면, 비영리 조직이나 사회복지 조직의 목적은 해당 기관만이 가질 수 있는 차별화되고 잘 정의된 사명을 이행하는 것이라고 볼 수 있다. 당연히 공공 부문의 경우에는 국가의 안위와 발전을 향한 숭고한 이상과 목적을 갖고 있다.

그러면서도 공공이든, 영리 혹은 비영리든, 나아가 사회복지 조직이든 모두 다 재정적 안정화 수준을 높이고, 지속적인 조직 운영을 위해 부득이하게 영리를 추구할 수밖에 없는 것은 결국 공통적으로 공유하는 목표일 것이다. 하지만 다양한 방법들을 활용하여 기업의 순수익을 높여가는 것과 발생한 수익을 주주와 이해당사자들에게 분배하는 것이 영리 조직의 궁극적인 목적이라고 한다면, 비영리 조직과 사회복지 조직은 '재정 활동'으로 수익을 산출하는 노력들을 통해 궁극적으로는 서비스이용자들을 위한 서비스 질 향상, 프로그램 개발, 더 나은 환경 조성 등을 위한 재투자로 이어진다는 목적을 갖고 있다. 한편 공공 부문의 경우는 국민 혹은 시민의 안녕과 행복한 삶을 향한 효율적인 투자와 재투자 모두를 겨냥한다.

사회복지 조직은 이런 면에서 비영리 조직과 공공 부문에서 지향하는 마케팅 전략의 비중이 큼과 동시에 부분적으로는 영리 부문에서 사용하는 전략의 모습도 나타나게 된다. 결국 사회복지 조직이 통합적이고도 융합적인 마케팅을 필요로 하는 것은 불가피하고 반드시 이행되어야 하는 복지경영의 필수적인 일이라 할 수 있다.

마케팅으로 인한 실질적인 이익들

공공이든 영리든 비영리든 사회복지 조직이든 근본적으로 마케팅이란 고객 중심의 사고방식을 바탕으로 이행되는 활동 및 업무라고 할 수 있다. 마케팅은 고객 혹은 서비스이용자 중심의 활동으로 혜택의 초점이 소비자, 고객, 서비스이용자에게 맞춰져 있다고 할 수 있다. 하지만 기관의 마케팅 이행 여부로 인한 결과는 고객의 이익 및 혜택뿐만 아니라 기관에도 큰 혜택으로 작용하여 결과적으로는 양자 모두에게 다양한 이득을 준다.

물론 고객에게 돌아가는 혜택은 좀 과하게 표현해보면 무궁무진하다. 그 어떤 것보다도 고객이 필요로 하는 실질적인 서비스를 제공받을 수 있다는 것과 새롭게 개발된 다양한 제품 및 서비스를 받을 수 있다는 점을 주요한 예로 들 수 있다. 또한 고객들이 필요한 정보를 적시에 제공받기도 하고, 이해당사자의 의견과 제안이 반영된 양질의 제품 및 서비스를 받으며 '고객 가치' 를 누릴 수도 있다.

기관에 돌아오는 혜택도 많다. 무엇보다도 명확한 고객의 '요구와 욕구' 를 이해하고, 이를 분석한 결과로 반영된 '제품 및 서비스' 로 인해 양질의 서비스와 맞춤형 프로그램을 제공할 수 있게 된다. 당연히 이는 분명 기관의 차별화를 성공적으로 구현해낼 것으로 보인다. 동시에 이는 고객의 인식 속에 긍정적인 이미지를 형성하여 기관의 명성을 만들어 가는 '브랜딩' 의 효과를 누리게 할 뿐만 아니라 기관의 비전과 사명을 이루고자 하는 궁극적인 목적도 달성하게끔 도울 수 있다.

이렇듯 마케팅을 활용하는 데 따른 고객과 기관의 혜택은 이상에서 언급한 몇 가지 것들뿐만 아니라 궁극적으로 관련된 모든 체계들을 유기적으로 연결시켜서 그 결과로 다양한 시너지 효과를 만들어내게 된다. 이로 인해 투자된 비용을 뛰어넘는 커다란 수익이나 유익으로 돌아오게 된다.

그런데 안타깝게도 여전히 우리나라의 사회복지 조직에서는 마케팅이란 개념이 적용되기 어려운 도구라고 생각하거나, 단순히 사회복지 조직인 시설과 기관을 알리고, 조직의 목표집단을 대상으로 제공하는 프로그램을 홍보해서 '이용' 과 '구매' 를 촉진시켜 수익을 창출하거나 서비스이용자 수를 늘리는 활동 정도로만 생각하는 경향이 크다. 하지만 다음과 같은 예를 살펴보면 사회복지 조직에서 이행되는 마케팅 활동이 얼마나 중요하고 필요한지를 이해할 수 있을 뿐만 아니라 마케팅의 범위와 개념이 대단히 광범위하다는 것을 알게 될 것이다.

사회복지 조직에서 마케팅 활동으로 나타날 수 있는 업무들

- 사회복지 조직의 비전과 사명을 바로세우기 위해 이사회를 통한 검토와 앞으로 조직이 나아가야 하는 방향성을 제시하고 모든 구성원들과 공유하는 것
- 퇴근 이후 혹은 주말에 서비스를 이용하는 사람들을 위해 해당 기관의 근무시간을 연장해서 서비스 및 프로그램을 수요에 따라 진행하는 것
- 서비스이용자들과 그에 속해 있는 지역사회에 대한 요구와 욕구를 파악하고 그에 따른 설문 자료를 분석하는 일
- 욕구조사를 토대로 분석한 결과를 사회복지 기관에서 제공하는 서비스와 프로그램에 반영하는 개발 업무
- 사회복지 조직이 속해 있는 지역사회라는 시장의 흐름과 변화들을 알아보기 위해 이행되는 시장조사
- 서비스이용자들 및 방문객들에게 조금의 여유를 내어 인사와 안부를 묻는 일
- 추후에 사회복지 기관에서 진행할 예정인 행사들에 대한 정보가 담긴 우편물을 발송해서 알리거나 사전공지를 통해 참여를 독려하는 일

실제로 이 모든 활동과 업무, 사고방식과 태도는 이미 사회복지 조직에서 수행하고 있는 일이며 앞으로도 계속 수행해야 할 업무이다. 이러한 일들이 바로 마케팅이라고 볼 수 있는 것이다. 이와 같이 마케팅이

란 독창적이고 창의적인 업무와 행동양식을 이행하는 것일 뿐만 아니라 고객 지향적인 사고방식과 태도를 갖추는 것 자체가 마케팅의 근본적인 의미라고 해도 과언이 아니다.

사회복지 조직에서 내놓을 수 있는 마케팅 내용물

그렇다고 한다면 사회복지 조직에서는 마케팅을 통해 어떠한 것들을 '제품화' 하고 '서비스화' 하여 시장에 제공할 수 있을까?

엡시(Espy, 1992)의 견해를 적용해서 정리해 보면, 사회복지 조직에서 제품화 · 서비스화 하여 '지역사회' 라는 '시장' 에 내놓을 수 있는 것들은 다음과 같다. 즉, 서비스(service), 경험(experience), 제품(product), 컨셉(concept), 기관(entity)이다.

사회복지 조직과 같이 사회복지서비스와 프로그램을 제공하는 시설이나 기관에서는 서비스(service)와 경험(experience)을 '시장화' 할 수 있다고 판단한다. 기관의 사명을 달성하기 위해 다양한 목표집단의 요구와 욕구를 파악하고 서비스에 반영하지만, 서비스는 형태가 없기에 무형인 서비스를 이해하는 데 다소 어려움이 있을 수 있다. 또한 서비스의 만족과 불만족은 상대적이기 때문에 서비스의 질은 반드시 시장의 기준에 맞춰야 한다. 이를테면 성인 발달장애인들을 대상으로 하는 직업 활동 체험, 박물관 방문, 여행 체험 등과 같은 경험을 통해 발달장애를 갖고 있는 서비스이용자의 만족과 삶의 질을 향상시킬 수 있는 경험이라는 것도 '시장화' 할 수 있다. 경험은 반드시 인간에게 필요로 하는 욕구에 해당되기보다는 요구를 충족시키는 역할을 한다.

제품(product)에 대한 예로는 장애인복지 기관이나 단체에서 판매하는 쿠키, HIV를 막기 위한 피임도구 배포, 기부를 위한 경매 진행 등을 통해 기관의 기금 모금을 목적으로 수행한 결과물 등을 들 수 있다.

서비스보다 더 무형적이라고 할 수 있는 것이 바로 컨셉(concept)이다. '컨셉' 을 우리말로 번역하기란 난감하다. '개념' 이라고 할 수 있으면 좋은데 그것도 좀 이상한 번역이 된다. 그래서 그냥 '컨셉' 이라고 해두자. 어쨌든 컨셉을 시장화할 수 있다는 것은 다소 생소하게 느껴질 수 있다. 하지만 다음의 예를 살펴보면 쉽게 이해가 될 것이다. 금연운동, 낙태 반대운동, 동물학대 반대운동, 졸음운전 금지 등과 같이 기관이나 조직에서 지향하는 사회적 메시지를 전달하는 것이다. 이는 기관의 사명을 수행하기 위한 활동이며, 사회적 공익을 위해 사람들의 생각을 변화시키고, 변화된 생각으로 행동양식을 변화시키며, 변화된 행동으로 실천에 임할 때에 비로소 사회적 이익을 끼치는 긍정적인 컨셉을 현실화시켰다고 할 수 있다.

어떤 경우에는 사회복지 조직이 자신의 기관 혹은 단체(entity) 자체를 시장화하기도 한다. 국제구호를 전문적으로 수행하는 사회복지 조직의 경우에는 긴급한 국제적 지원이 필요한 일이 생겼을 때에 물적 자원과 인적 자원 등을 적극적으로 모아간다. 이렇게 자원을 모집하는 일을 가장 큰 사명이자 사업으로 하는 사회복지 조직은 자신들의 정체성이나 가치, 비전과 사명, 소속된 사회복지사 등 조직 자체를 시장화하고 많은 사람들이 지원할 수 있도록 조직의 긍정적인 이미지를 구축해

나가면서 결과적으로 재정적 지원과 자원봉사, 기타의 이런 저런 도움 등과 같은 참여활동을 독려하여 운영한다.

'복지경영'을 통해 향후 수행해야 할 마케팅

'복지경영'이라는 활동을 통해서 수행해야 할 사회복지 마케팅은 어떠해야 하는가?

첫째, 효율적이고 체계적인 마케팅을 하기 위해서 반드시 통합적인 접근(integrated approach)을 지향해야 한다. 흔히 일반적으로 인식하고 있는 마케팅이란 홍보, 광고, 모금활동 정도로 생각하지만 마케팅은 해당 조직이나 기관이 설립되면서부터 확립하는 비전과 사명, 시장조사, 목표집단에 대한 요구 및 욕구조사, 이해당사자에 대한 욕구 평가, 프로그램 개발 및 평가 등과 같은 고객 지향적 사고를 통한 총체적인 활동과 업무를 일컫는다. 따라서 사회복지 마케팅은 기관이나 조직에서 몇 명의 담당직원이나 지정된 부서에서만 한정적으로 실행하는 분리된 활동이 아니라는 것이다.

둘째, 사회복지 조직의 전체 구성원들에게 기관의 비전과 사명, 그에 따른 가치를 공유하고, 교육을 통해 관련된 지식을 통합적으로 나누며, 고객 중심의 접근을 강조해야 한다. 기관의 비전은 기관이 존재하는 이유와 목적, 나아가야 할 방향성을 제시해준다. 또한 사회복지 조직의 가장 궁극적인 목적은 바로 정교하게 확립된 기관의 사명을 이행하는 것이라고 할 수 있다. 따라서 사회복지 조직 내 모든 구성원들이 지속적으로 기관의 비전과 사명, 핵심가치를 공유해나갈 수 있도록 다각도로 지원해야 한다.

셋째, 사회복지 조직의 결정사항에 관련된 모든 것을 조직의 결정에만 머무는 것이 아니라 서비스이용자라고 불리는 사회복지서비스를 제공받는 고객의 요구와 욕구를 지속적으로 파악하고 분석하여 마케팅에 중점적으로 반영해야 한다. 이렇듯 마케팅의 이행에서도 기관 중심적인 사고와 실행이 아닌, 고객 중심적인 사고방식이 우선적으로 반영되어 이행되어야 한다는 점은 마케팅의 근본적인 개념임을 아무리 강조해도 지나치지 않으리라 본다.

이상에서 다룬 사회복지 마케팅에 관한 내용들을 기초로 하여 다양한 마케팅의 방법과 실질적인 접근들이 많이 있지만 특히 주목해서 활용할 만한 것으로 '브랜딩' 과 '포지셔닝' 을 제시하고자 한다. 즉, 사회복지 조직이 적극 활용해야 할 필요가 있는 두 가지 마케팅 기법을 설명하고자 한다.

브랜딩

'브랜딩(branding)' 이란 '브랜드' 의 어원을 살펴보면 그 의미를 쉽게 알 수 있다. '브랜드(brand)' 란 소를 잃어버리지 않기 위해 찍은 낙인을 의미한다. 그러므로 '브랜딩' 은 자신의 것을 분명하게 구별하는 행위이며, '브랜딩' 의 최종 목적은 드넓은 방목지에서 자신의 소 한 마리를 다른 무리로부터 구분하는 것이다. 설령 그 방목지의 다른 소들이 모두 비슷하다 해도 충분히 알 수 있게끔 하는 것이다(Ries & Ries, 2002; 배현 역, 2008).

이런 맥락에서 성공적인 브랜딩은 그 어떤 것으로도 대신할 수 없는 고유한 특성을 분명하게 드러내 주는 데에 있다. 즉, 브랜딩은 잠재 고객의 마음속에 브랜딩을 수행하는 조직이나 기관 혹은 기업의 제품이나 서비스가 가장 특별하다는 인식을 심어주는 것이다.

양원석(2005)[2]에 의하면 고객이 브랜드에 대해서 가지고 있는 이미지 중에서 의도적으로 기업이 원하는 이미지를 가지도록 관리하는 것이 바로 브랜드 관리이며 그 중 고객이 일차적으로 기억하기 원하는 것이 바로 브랜드 컨셉이라고 한다. 이와 같은 견해도 그 뿌리를 찾아가 보면 이상에서 말한 브랜딩의 개념과 일맥상통한다고 할 수 있다.

사실 브랜딩의 입장에서 마케팅이란 브랜드를 구축하는 것이다. '마케팅' 과 '브랜딩', 이 두 개념은 워낙 얽히고설켜 있어 솔직히 딱 떼어놓기가 쉽지 않다. 그래서 많은 경우에는 마케팅을 수행할 때에 가장 강력하게 활용할 수 있는 실제적인 방법으로 브랜딩을 생각하는 것이다.

그 어떤 곳보다도 사회복지 조직은 분명한 비전과 사명을 갖고 있다. 공공적인 자원과 민간의 자원을 총동원하여 가난하고 소외된 사회적

2) 양원석(2005)이 쓴 『사회복지 브랜드 전략』은 아무리 읽어도 참 많은 도움이 된다. 그는 사회복지실천 현장에 선구적으로 '브랜딩'을 가져온 탁월한 사회복지사이다. 사회복지실천에서 왜 브랜딩이 필요하며 실질적인 브랜딩에 대한 전략과 방법이 구체적으로 제시되어 있다. 사회복지 브랜딩에 대한 보다 세밀한 내용들을 알기 위해서는 양원석(2005)의 책을 읽기 바란다.

취약계층을 위해 사회로부터 위임받은 서비스실천 개입을 해야 할 뚜렷한 목적을 갖고 있다. 바로 이런 독특성이 각각의 사회복지 조직에서 브랜딩을 통해 실제적으로 마케팅 되어야 하는 것이다. 이렇게 볼 때에 마케팅이란 각각의 사회복지 조직이 사회복지실천을 지속적으로 수행하기 위해 반드시 필요한 활동인 것이다.

어떻게 보면 마케팅이란 각각의 사회복지 조직이 추구해야 할 궁극적인 목적이기도 하다. 앞서도 언급했던 것처럼 사회복지 조직 자체가 브랜딩 부서이다. 사회복지 조직은 소속된 모든 사회복지사가 일심동체가 되어 무엇이든지 서비스이용자를 위해서 브랜딩하지 않으면 사회복지실천을 위한 자원동원은 불가능하다는 것이다. 서비스이용자는 말할 것도 없고 자원봉사자, 기부자, 예산을 지원하는 정부 및 지자체 담당 공무원 등은 어느 누구든 어느 사회복지 조직의 서비스에 대한 추천이 곧 브랜드 이름이 되는 것이다. 그저 '좋은 일' 을 한다는 겉모습만으로 지원되고 많은 자원들이 연결되던 시대는 지났다고 봐도 무방하다.

사회복지 마케팅의 본질은 서비스이용자의 마음속에 커다란 감동으로 새겨지는 하나의 사회복지서비스에 관련된 브랜드를 구축하는 것이다. 그렇다면 사회복지 조직에서의 브랜드는 도대체 구체적으로 무엇으로 말할 수 있는가? 단도직입적으로 말해보려고 한다. 사회복지 조직의 이름 그 자체가 브랜드이다. 가령 '사회복지법인 밀알복지재단' 이라고 하면 기독교적 정신을 갖고 있는 장애인복지 전문 기관이라고 생각할 것이다. 동시에 발달장애아동들을 위한 특수학교인 밀알학교가 떠오를 것이다. 또한 장애아동 의료재활사업을 비롯해 장애인종합복지관, 직업재활센터, 주 · 단기보호센터, 굿윌 등 다양한 사업들도 연상될 것이다. 수많은 사람들이 '밀알' 이라는 이름을 신뢰하면서 후원하고 봉사한다. 이게 '밀알' 이라고 하는 '브랜드' 의 힘이다.

장애인과 함께하는 밀알복지재단

| 출처 | 사회복지법인 밀알복지재단 홈페이지(http://www.miral.org).

또 하나 예를 들어보자. 전 세계 사람들이 좋아하는 생수 브랜드가 있다. 천연 미네랄 생수로 유명한 프랑스의 '에비앙(evian)' 이다. 우리나라는 좀 덜하지만 미국이나 유럽에서의 '에비앙' 은 특별하다고 한다. 에비앙은 프랑스와 스위스의 국경에 위치한 지역으로 이곳에서 나는 물을 마시고 병을 치료한 사람들이 하나둘 생겨나면서 마을과 샘물이 유명해지기 시작했다. 그러다 1878년 프랑스 의학 학회(French Medical Academy)가 공식적으로 에비앙에서 나는 물이 건강에 좋다는 것을 인정하면서 본격적으로 개발되었다.

에비앙은 프랑스 알프스 산맥의 눈과 비가 3만년에 걸쳐 형성된 원시 빙하퇴적층의 천연필터를 통해 15년 간의 정화과정을 통해 만들어진다. 프랑스 정부는 에비앙의 수원을 보호구역으로 지정하여 법적으로 보호하고 있으며, 에비앙은 아무런 가공과정을 거치지 않은 '원래의 물(水)' 그대로 병에 담기기에 인체가 필요로 하는 이상적인 균형비의 미네랄이 그대로 살아있다. 이처럼 자연 그대로를 옮겨 담은 건강한 생수라는 '에비앙' 브랜드명이 얼마나 강력한지 맥주보다 비싼 가격에도 오래도록 전 세계인들의 사랑을 받고 있다.

에비앙의 어제와 오늘

끓이지 않아도 안전하게 마시다
'아기가 마시는 물'

자연 그대로의 균형을 즐기다
'언제 어디서나 편리하게 즐기는 물'

| 출처 | 에비앙 코리아 홈페이지(http://www.eviankorea.com).

그러면 어떻게 '브랜딩' 해야 하는지 몇 가지로 정리해 보려고 한다 (Ries & Ries, 2002; 배현 역, 2008).

첫째, 각각의 사회복지 조직이 자기만의 특화된 '컨셉' 을 창출해야만 한다. 즉, 다른 사회복지 조직들이 하고 있는 브랜드를 모방하거나 브랜드의 무분별한 확장에 대해 강하게 반대하고 차별화할 수 있는 하나의 컨셉에 집중해야 한다는 것이다. 우리나라는 큰 것을 선호하는 경향이 강하다. 대기업, 대형교회, 대형 문화 공간 등등 큰 것에 대한 집착은 뿌리가 깊다. 그러다보니 대부분의 사회복지 조직도 백화점식 형태의 대형화를 추구하고 있다.

하지만 이제는 바뀌어야 한다. 백화점식 혹은 뷔페식의 뭐든지 벌여놓은 형태로는 절대 앞으로 지속적인 성장이 가능하다고 말할 수 없다. 브랜드의 초점을 좁혀야 한다. 자신의 조직이 '할 수 있는 일' 과 '하고 싶은 일' 을 반드시 구분해야 한다. 할 수 있는 규모와 수준을 정하고 그 속에서 자신만의 차별화된 브랜딩을 해나가야 한다.

둘째, 특화된 영역 속에서 다양한 서비스 종류를 구비해야 한다. 앞서 첫 번째로 말한 브랜드의 초점을 좁히는 일은 한 라인이나 한 시설의 폭을 제한하는 것과는 다르다. 이를테면 세계적인 커피체인점 '스타벅스' 는 커피 하나만 수십 종류를 내놓는다. 또한 대형 백화점 매장이 약 3천 종의 장난감을 비치하는 데 비해 장난감 천국으로 불리는 '토이저러스' 매장은 1만 종 이상을 비치한다. 마찬가지로 앞에서 예로 들었던 밀알복지재단은 어떠한가? '밀알' 하면 '장애인' 아닌가? 이건 차별화 전략이다. 맞다. 그런데 밀알복지재단에서 수행하는 장애인복지사업은 엄청나다. 강남구직업재활센터와 안산시장애인복지관, 밀알주 · 단기보호센터 등 24개의 산하시설, 5개의 협력기관과 함께 의료재활, 교육재활, 직업재활, 사회재활, 지역사회재활 등 다양한 분야에서 전문 장애인복지사업을 제공하고 있다. 장애인복지를 향해 특화된 채, 장애인복지를 위한 다각적인 접근이 사업 수행을 통해서 이루어지고 있는 것이다.

셋째, 광고가 아닌 홍보(PR)를 해야 한다. 솔직히 이 세상은 커뮤니케이션 과잉 사회이다. 현대인들은 매일같이 수백 건의 광고 메시지에 치여 살아가고 있다. 그래서 요즘에는 브랜드가 탄생하지만 만들어지지는 않는다. 새로운 브랜드는 언론의 호의적인 홍보 효과를 유발하는 능력을 반드시 갖추어야 하며, 그렇지 못하면 시장에서 자리 잡을 기회조차도 없다. 그렇다면 어떻게 해야 사회복지 조직이 의도한 대로 홍보 효과를 유발할 수 있을까? 홍보 효과를 유발하는 최선책은 사회복지실천 현장에서 표적으로 삼는 영역들 가운데에 '첫 번째' 가 되는 것이다. 즉, 최초의 브랜드가 되는 것이다. 예를 들어 보자.

세계 최초의 브랜드

회사명	내용
CNN(Cable News Network)	• 세계 최초의 케이블 뉴스 네트워크
도미노피자((Domino's Pizza)	• 세계 최초의 배달 피자 체인
ESPN(Entertainment and Sports Programming Network)	• 세계 최초의 케이블 스포츠 네트워크
인텔(Intel Corporation)	• 세계 최초의 마이크로 프로세서
KFC(KFC Corporation)	• 세계 최초의 패스트푸드 치킨 체인
타임(Time)	• 세계 최초의 주간지
제록스(Xerox Corporation)	• 세계 최초의 일반용지 복사기

우리나라 최초의 사회복지실천 브랜드

복지단체명	내용
태화기독교사회복지관	• 우리나라 최초의 사회복지관으로 여성과 아동복지의 시초
월드비전	• 우리나라 최초의 국제구호 전문기관
경기도 무한돌봄센터	• 우리나라 최초의 서비스전달체계 개선을 통한 위기개입 사례관리

이상의 굉장히 많은 브랜드들은 최초로 자신의 표적 영역에 성공적으로 진입했고 그 과정에서 엄청난 홍보효과를 일으켰다. 최초는 최고를 향해서 달리게 한다.

포지셔닝

'포지셔닝(positioning)' 이란 목표하는 '시장' 에서 전략적인 위치를 계획하는 활동이라고 할 수 있다. 즉, 고객들의 마음속에 자사의 제품이 각인될 수 있도록 펼치는 마케팅 전략인 것이다. 특히 기관의 이미지와 기관이 제공하는 가치들을 만들어가고 설계함으로써, 고객들로 하여금 경쟁기관과 비교했을 때에 보다 확고하게 차별화된 기관의 위치를 이해하고 인정하게 하는 활동들을 의미한다(Kotler & Andreasen, 1991).

좀 더 구체적으로 말해서 포지셔닝이라는 것은 어떤 제품이 고객의 마음에 인식되고 있는 모습을 의미하며 마케팅 전략상에서는 상품의 특성 및 경쟁상품과의 관계, 자사의 기업 이미지 등 각종 요소를 평가 · 분석하여 그 상품을 시장에 있어서 특정한 위치에 설정하는 일을 말한다. 광고회사 간부인 앨 리스(Al Ries)와 잭 트라우트(Jack Trout)가 도입한 용어로 고객의 욕구에 맞춘 '소비자 포지셔닝' 과 경쟁사의 전략에 초점을 맞춘 '경쟁적 포지셔닝' 으로 나뉠 수 있다(Trout & Ries, 2000; 안진환 역, 2006).

광고 전략에서는 잠재 고객의 의식 속에 광고 상품의 이미지 및 기업 이미지를 특정한 위치에 설정하는 일, 즉 사실상 동일한 상품일지라도 포지셔닝에 따라 전혀 다른 상품으로 인식될 수도 있다는 것이다. 그래서 포지셔닝은 오늘날의 마케팅 및 광고전략 수립의 기본 전제로 고려되고 있다. 왜냐하면 경쟁이 가속화되고 광고 등의 정보가 과잉 상태에 이르면서 상품 및 기업의 이미지 혹은 그 자체가 잠재 고객에게 인식되기가 쉽지 않기 때문이다.

따라서 효과적인 포지셔닝으로 잠재 고객의 욕구를 들추어내는 것이 마케팅 활동에 필수불가결한 조건으로 제기되고 있다. 포지셔닝 전략의 절차는 크게 5단계로 구성된다.

- 1단계: 소비자가 무엇을 원하는지를 파악한다.
- 2단계: 도입하고자 하는 제품이나 서비스의 경쟁기관을 점검한다.
- 3단계: 경쟁기관의 제품이 어떤 포지션을 차지하고 있는지 분석

한다.

- 4단계: 분석한 결과에 따라 자사 제품의 '포지셔닝' 을 결정한다.
- 5단계: 고객조사와 시장분석을 통해 제품의 '포지셔닝' 을 조정한다. '리포지셔닝' 이라고 한다.

이상의 내용을 사회복지 조직에 적용해 보면, 사회복지 포지셔닝이란 각각의 사회복지 조직이 수행하고 있는 서비스가 가장 효과적이며 효율적으로 서비스이용자들의 마음속에 만족함으로써 자리 잡아 가도록 하는 '인식의 재구조화' 활동이라고 할 수 있다. 부연하면 사회복지 조직에서의 포지셔닝은 사회복지서비스에 대해 어떤 행동을 취하는 것이 아니라 잠재적인 서비스이용자의 인식에 어떤 행동을 가하는 것이다. 즉 잠재적인 서비스이용자의 인식에 해당 서비스의 위치를 잡아 주는 것이다.

이렇게 볼 때에 포지셔닝은 무엇인가 다르고 새로운 것을 만들어내는 것이 아니다. 이미 인식에 들어 있는 내용을 조작하고 기존의 연결고리를 다시 엮어주는 것이다. 이를테면 많은 사회복지 서비스이용자들은 제공되는 서비스들이 '공짜' 이며 '수준이 낮다' 고 인식할 수 있다. 바로 이와 같은 인식을 사회복지서비스도 '매우 수준이 높다' 고 바꾸는 것이다. 절대로 '공짜' 가 아니며 국민의 세금으로 운영된다고 인식의 전환이 일어나게 하는 것이다. 이런 인식의 전환이 이루어질 때에 서비스이용자들은 보다 적극적으로 사회복지서비스를 제공받으려 할 것이며, 동시에 국가와 공동체에 대해 감사한 마음을 갖게 될 것이다.

그렇다면 사회복지 조직에서 활용할 수 있는 포지셔닝은 어떤 단계를 거칠 수 있겠는가?

- 1단계: 포지셔닝의 표적이 되는 쟁점 문제를 파악한다. 그리고는 쟁점이 되는 문제를 해결하기 위해서는 어떠한 결정을 내려야 하는지 판단한다. 그 과정에 누구를 포함시킬지 결정한다.
- 2단계: 포지셔닝의 결과로 나타나게 될 진정으로 원하는 것을 구조화한다.
- 3단계: 포지셔닝의 내용이 될 수 있는 다양한 대안들과 선택사항을 창출하고 고려한다.
- 4단계: 포지셔닝, 즉 서비스이용자의 인식을 재구조화하기 위해 개입한다.
- 5단계: 피드백을 한 후에 리포지셔닝을 한다.

이제 사회복지 조직도 능동적이면서도 적극적으로 마케팅을 해야 하는 시대가 되었다. 공공과 영리 그리고 비영리 모두를 아우르는 통합적 마케팅을 수행해야 한다. 또한 '브랜딩'과 '포지셔닝'을 통해 사회복지 조직이 한층 더 성장하고 성숙해지는 계기를 만들어야 한다.

Chapter 11

리더십: 복지경영적 리더십의 개념과 유형

사람들은

진정성 있는 모습과 정직함 때문에

리더를 따르게 된다.

복지경영은 사회복지 조직의 효율적인 관리운영을 실현하기 위해 다각적인 일반경영의 원리와 방법을 적용하면서도 동시에 이용자 중심 서비스, 사회정의에 대한 통찰과 용기 있는 실천, 인간존엄성의 추구, 인간관계의 소중성과 성실함을 담보한 서비스이용자의 역량강화 등 사회복지실천의 윤리적 기본에도 충실하려고 애써야 한다. 또한 복지경영은 서비스이용자와의 관계에서 개별성을 존중하고 서비스이용자들을 차별하지 않도록 신경 써야 한다. 자칫 효율성과 수익성 그리고 서비스 품질 등을 강조하다가 놓칠 수 있는 서비스이용자의 권리와 욕구 및 요구 등에도 주목해야 한다. 더욱이 지역사회 내에 있는 사회복지 관련 여타의 조직이나 기관 등과도 유기적인 통합적 관계를 지향하고 그들 기관들에 대한 수용적 태도를 갖기 위해 노력해야 한다.

리더십의 개념

리더십(Leadership, 指導力)이란 말의 어근은 '리탄'(Lithan)이라는 의미이다. 이는 '간다(to go)'라는 뜻의 '움직임'을 나타내는 동적인 성격의 단어이다. 이는 무작정 가는 것을 의미하는 것이 아니라 조직이 지향하는 바에 대한 방향으로 가는 것을 의미한다. 그런 의미에서 리더는 '무슨 일을 먼저 행하는 자', '앞서가는 자', '먼저 이루는 자'라는 의미를 담고 있다. 하지만 어느 누구도 리더를 따르지 않는다면 리더의 리더십은 부재된 상태이다. 추종자 없는 리더는 존재할 수 없다. 그렇다면 리더십은 '영향력'이라 할 수 있다(Maxwell, 2000; 채천석 역,

2002). 즉, 리더십은 어떤 목표를 성취하기 위하여 타인에게 영향을 미치는 능력으로 정의될 수 있다.

한편, 지식이 있다고 해서 모두가 리더가 되는 것은 아니다. 이 세상에는 지식이 뛰어난 과학자들이나 철학자들이 많이 있지만 사람을 이끌어가는 능력은 부족한 사람들이 너무나 많다. 힘이 있다고 리더가 되는 것도 아니다. 힘으로 지배하는 사람은 참된 리더가 될 수가 없다. 무력으로는 사람의 마음을 얻을 수 없기 때문이다. 지위가 있다고 리더가 되는 것은 아니다. 어떤 사람이 단순한 관리자인지 리더인지 구별하는 방법은 그가 적극적인 변화를 창출할 수 있는 사람인가 하는 것이다(Bloodworth, 1980; 공보경 역, 2005).

이렇게 리더십을 '영향력'으로 보게 될 때에 복지경영적 리더십은 어떻게 개념화할 수 있을까?

복지경영적 리더십은 사회복지 조직에서 놀라운 변화를 일으키는 강력한 힘이다. 복지경영적 리더십은 사회복지 가치에 기초한 역동적 변화를 추구하는 리더십이라 할 수 있다. 복지경영적 리더십은 사회복지 조직의 성숙과 성장이라는 목표를 이루기 위해 조직을 구성하고 있는 사회복지사들이 이미 갖고 있는 재능과 능력을 최대한 발휘하도록 그들에게 영향을 미치는 과정이기도 하다. 이는 사회복지사들에게 동기를 부여하고 의욕을 불러일으킴으로써 보다 열정적으로 업무를 감당하도록 촉진한다.

사실 사회복지 조직은 리더의 소유물이 아니다. 단지 리더는 사회복지 조직을 이끌어가도록 조직과 구성원들로부터 위임과 위탁을 받았다는 의식을 잃어버려서는 절대 안 된다. 겸손한 자세로 사회복지사들을 섬기려는 자세가 필요하다. 사회복지 조직을 리더 자신의 소유로 생각하고 장악하는 마음으로 임해서는 안 되는 것이다. 오히려 리더는 더 많은 헌신과 책임을 감당해야 한다. 함께 일하는 사회복지사들을 수용적인 자세로 품어야 한다. 그리고는 사회복지사들과 함께 사회복지 조직과 관련된 기부자나 후원자, 자원봉사자, 지역사회의 우호적인 집단 내지 기관들과도 함께 조직을 운영하겠다는 열린 마음으로 사람들의 마음을 움직여가야 한다. 놀라운 변화는 마음이 움직여져야 한다. 마음의 변화부터 위대한 변화와 혁신은 시작된다.

복지경영적 리더십의 구성요소

복지경영적 리더십의 구성요소는 어떤 것들이 있는가?

첫째, 비전이다. 복지경영적 리더십의 구성요소 중에 가장 우선적으로 말할 수 있는 것은 바로 '비전' 이다. 비전은 우리가 미래에 실현되었으면 하는 어떤 것에 대한 분명한 그림이다. 비전은 막연한 꿈이 아니라 아직 실현되지 않은 현실이다.

사회복지 조직의 리더는 보이지 않는 목표를 바라보고 꿈을 꾸는 사람이어야 한다. 때론 현실보다 이상에 가까운 목표를 찾을 수도 있다. 가시적인 목표보다 비가시적인 목표를 설정하는 것은 매우 어려운 일이다. 또한 보이지 않는 영역의 목표를 제시하기 위해서는 구성원들의 동의를 얻어야 하며 이들을 설득하는 능력이 있어야 한다. 그래서 사회복지 조직의 리더는 진실이 담긴 비전을 품어야 한다.

그런데 비전이라고 하는 것은 어떻게 보면 비실제적이고 각박한 현실과는 거리가 있는 것처럼 보이기도 한다. 더욱이 조직을 경영하는 리더가 보다 더 냉철하게 이성적이어야 하지 않을까 싶기도 하다. 하지만 비전은 복지경영을 해야 하는 사회복지 조직의 리더에게 있어서 필수적이다. 조직의 발전과 지속적인 사회복지실천을 가능하게 해야 하는 사회복지 조직의 리더는 보이지 않는 것들과 싸워야 하며 또 이를 극복해야 한다. 그것들이 무엇인가? 서비스이용자라는 사람들에 대한 편견과 선입견, 차별, 사회적 소외, 빈곤 등이다.

이 세상에는 가난한 자, 굶주린 자, 불이익을 당하는 자들이 많고 경제적 · 정치적 · 인종적으로 착취당하고 압박받는 사람이 많다. 낙태나 죽임을 당하는 아이들도 많다. 사회적 약자에 대한 관심과 배려를 사회구성원들로부터 이끌어내면서 동시에 이들을 대상으로 실천개입을 해야 하는 사회복지 조직의 리더는 비전을 가져야 한다. 이 세상이 복지친화적인 아름다운 공동체가 될 것을 끊임없이 소망해야 한다. 비전을 가진 사회복지 조직의 리더들은 더 나은 세계를 만드는 것이 가능하다고 믿는 사람들이어야 한다. 그래야만 사회복지 조직의 리더는 사회복지사들과 서비스이용자들, 후원자, 자원봉사자 그리고 지역주민들 모두에게 비전을 제시함으로써 사람들로 하여금 현재에 안주하지 않고 미래로 나아갈 수 있도록 길을 만들어 준다.

동시에 분명한 비전일수록 복지경영의 목표를 달성하는 데 큰 힘이 된다. 분명한 비전을 가진 사회복지 조직의 리더는 미래를 구체적으로 조망한다. 그리고 이 세상의 현실을 보고 그 속에서 살아가는 인생을 내다본다.

훌륭한 리더는 사람들이 가야 한다고 이미 알고 있으나 가지 못했던 곳, 가고 싶어 했으나 갈 수 없다고 포기했던 곳, 바로 그곳으로 그들을 이끌어간다. 한편으로는 사회복지 조직의 리더는 사람들이 절대로 가고 싶어 하지 않지만 꼭 가야 하는 곳으로도 그들을 이끌어 간다. 그러므로 사회복지 조직의 리더는 아직 실현되지 않은 다른 그림을 보는 사람이어야 한다. 사회복지 조직의 리더는 현재 자기 눈앞의 그림 안에 있는 것을 보고 있지만 아직 거기에 없는 것들도 볼 수 있어야 한다. 리더가 해야 할 가장 중요한 일은 구성원들에게 현재 이루어야 할 눈앞에 있는 바로 그 목적만이 아니라 미래에 반드시 성취해야 할 비전을 깨닫게 하는 일이다. 변화무쌍한 이 세상에서 달라지는 사회적 문제들 속에 다양한 문제들을 안고 살아가는 서비스이용자들의 상황에 부합되는 사회복지실천을 지속적으로 수행할 수 있는 성장과 성숙이 이루어지는 사회복지 조직을 만들어 나가며, 구성원들이 신바람나게 일하도록 하여 뛰어난 성과가 나오도록 관리운영할 수 있는 리더는 '비전의 사람' 이어야만 한다.

둘째, 근면이다. '근면' 이란 한 마디로 부지런함을 의미한다. 근면은 인류 역사 발전에 원동력이 되어왔다. 근면의 덕목은 전통적으로 개인 성품에 있어서 매우 중요한 덕목이며 리더뿐만 아니라 보편적 인류에게 필요로 하는 요소였다. 이로 인해 비전을 품은 마음에 근면과 성실한 노력을 추가한다면 복지경영의 목표 달성에 더욱 가까워지게 된다.

비전과 함께 근면은 역사상 가장 위대했던 리더들의 상징이었다. 비전과 근면의 아름다운 조화는 복지경영 현장에서 일어나는 사회복지 전문가들의 일상적이며 개인적인 삶에서 더욱 필요하다. 꿈과 현실, 열정과 실제성은 언제나 병존해야 한다. 비전 없는 행동은 방향 감각과 반응을 상실하기가 쉽다. 열정적인 노력과 실제적인 계획이 없는 꿈은 옅은 공기 속으로 사라지기 마련이다.

근면한 것은 근면하지 않은 것보다 더 많은 열매와 결과를 가져다준다. 하지만 인간은 본질적으로 근면해지기보다는 게을러지기를 지향한다. 근면은 노력이 필요하나 게으름은 노력이 필요 없다. 가치는 우연적으로 형성되는 것이 아니다. 인류 역사가 바람직하고 고귀한 가치를 전해주기 위해서는 그 가치를 지키고자 노력한 사람들의 희생과 노력이 있었기에 가능한 것이다. 따라서 근면은 노력을 통해서 이루어진다.

근면하지 않으면 성취를 이룰 수 없다. 근면은 노력해야 달성할 수 있으며 리더의 좋은 성품 중의 하나이다. 근면한 사회복지 조직의 리더는 99%의 노력에 접근하려는 위치에 와 있는 사람이다. 하지만 무조건 많이 일한다고 해서 반드시 좋은 것은 아니다. 중요한 것은 열정이다. 열정이 있으면 효율적으로 일할 수 있다. 양적으로만 많이 일한다고 해서 반드시 좋은 것은 아니다. 근면하고 지혜로워야 좋은 결실을 맺을 수 있다. 열정은 '집중' 하게 한다. 집중은 축약된 근면의 또 다른 형태라 할 수 있다.

셋째, 인내이다. 인내는 복지경영적 리더십에 있어서 필수적인 구성요소이다. 비전을 가지는 것과 그 비전을 행동으로 변화시키는 것은 별개의 것이다. 그리고 그것이 반발 세력에 부딪혔을 때에 그것을 가지고 인내할 줄 아는 것은 매우 중요한 리더의 자질이다. 구약성경에 나오는 위대한 인물이 있다. 바로 요셉이다. 이 요셉이라는 사람은 국무총리가 되기 전에 엄청난 인내의 시간을 보내야 했다. 고통스러운 인내의 과정은 요셉이 위대한 리더십을 발휘하는 데에 확실한 기반이 되었다. 미국의 제16대 대통령 에이브러햄 링컨은 미국 역사상 가장 위대한 지도자로 존경과 추앙을 받고 있다. 그러나 그에게는 여러 차례의 사업실패와 파산, 약혼자의 사망, 수차례의 낙선을 포함하여 총 27번의 실패가 있었다. 하지만 포기하지 않고 도전해 마침내 그의 나이 60세에 미국 대통령이 되어 연방제의 기틀을 다지고 노예를 해방하는 업적을 이루었다.

그러므로 인내는 사회복지 조직의 리더가 맺어야 할 열매이다. 때로 사회복지 조직의 리더는 가난을 인내해야 한다. 사회복지 조직의 리더는 가난을 극복하는 힘이 있어야 한다. 가난은 자신의 삶을 개척하고 비전을 달성하고자 하는 강한 삶의 원동력으로 승화시킨다. 가난을 통해 배울 만한 가치를 탐구하고 찾아내야 한다. 그래야 가난한 서비스이용자들을 진정으로 도울 수 있다. 또한 사회복지 조직의 리더는 가난뿐만 아니라 반대 집단의 의지와 가치에도 인내해야 한다. 부자들과 사회에서 권한을 크게 갖고 행사하는 사람들의 과도한 자기 중심적이며 이기적인 언행에 대해 인내해야 한다.

간혹 사회복지 조직을 경영하다 보면 때때로 리더의 자리를 벗어나고 싶은 심정이 들 때가 많을 것이다. 이때 오래 참는 인내가 필요하다. 때론 불편함에 익숙해져야 한다. 그 어떤 분야보다도 사회복지실천 현장에서 일하는 사회복지 조직의 리더는 힘들다. 평 사회복지사로부터 출발하여 지금의 자리까지 오는 과정에 얼마나 많은 일들이 있었겠는가?

그러다 보니 때로는 편리함과 안락함을 간절히 바라는 시기가 있다. 인내는 소중한 덕목이다. 따라서 한 순간의 안락을 위해 미래의 소중한 가치를 포기할 수는 없다. 오늘날처럼 가치가 상대화, 다원화되어가는 시기에 인내는 어리석은 덕목처럼 느껴지기도 한다. 실제로 인내보다는 자신의 감정을 솔직하게 분출하여 현재의 삶을 즐기라는 달콤한 사상과 정신이 우리 주변에서 우리를 유혹한다. 그럼에도 불구하고 소중한 가치를 붙잡고 인내하는 리더가 우리에겐 필요하다.

넷째, 섬김이다. 사회복지 조직의 리더는 주인 노릇하는 것이 아니라 섬기는 사람이다. 남을 부리는 자가 아니라 충실한 종이 되는 것이다. 이것이 사회복지 조직을 경영하는 리더의 역설적 자세이다. 사실상 희생과 헌신의 정신이 없이는 사회복지실천 현장에서 리더십을 발휘할 수 없다. 지배적인 리더의 권위가 아니라 섬기는 자로서의 겸손이 사회복지 조직의 리더에게 요구된다. 사회복지 조직의 리더가 이끄는 권위는 힘이 아니라 사랑이어야 하며, 우격다짐이 아니라 모범이어야 한다. 즉, 억압이 아니라 타당한 설득이어야만 한다.

그러므로 섬김의 리더십은 다음과 같은 특징을 가진다(Stott, 1983; 김현수 역, 1989). 하나, 리더라고 해서 모든 능력을 갖춘 사람은 없다. 즉, 리더십에 필요한 모든 통제 수단을 다 갖춘 리더는 존재할 수 없는 것이다. 둘, 구성원들은 서로의 재능을 확인하고 그것을 사용하여 발전시키도록 자극함으로써 서로를 격려한다. 셋, 구성원들은 서로의 책임을 나눈다. 일을 분담한다는 것은 책임을 분담하는 것이 된다. 그렇게 되면 우리들은 서로의 말에 귀를 기울이고 서로로부터 배우게 된다. 섬김은 리더의 영양을 공급하는 역할을 한다.

복지경영적 리더십의 유형

이준우(2009)가 제시한 일반 사회복지실천 현장에서 나타나는 리더십의 11가지 유형들 중에서 복지경영적 리더십으로도 유용하게 활용할 수 있는 5가지를 정리하면 다음과 같다.

첫째, 안내와 돌봄(guiding and caretaking)의 리더십이다. 안내와 돌봄은 학습과 변화가 일어나는 환경과 관련해서 지원하고 지지하는 행위와 과정을 말한다. 안내하는 일정 경로에 따라 상대를 현재 상태에서 소망하는 상태로 인도하는 행위이며 과정이다. 이는 안내하는 가이드가 전에 그곳에 있어본 적이 있어 그곳에, 즉 소망하는 곳에 도착하는 어떤 길이나 최선의 길을 알고 있다는 것을 전제로 한다. 돌봄이나 후견인이 된다는 것은 안전하고 후원하는 환경을 조성해 주는 것을 의미한다. 처한 외부 상황에 지속적으로 주의를 기울이며 상대가 필요로 하는 것들이 있는지 그리고 외부로부터 불필요한 산만함이나 방해요소는 없는지 등을 확인한다.

둘째, 코칭(coaching) 리더십이다. 코칭은 상대가 자신이 갖고 있는 능력 수준의 절정에서 수행하도록 돕는 과정이다. 스포츠 트레이닝 모델에 뿌리를 둔 개인 코칭 방법들은 상대로 하여금 자신이 갖고 있는 자원과 능력을 의식적으로 각성할 수 있도록 촉진시키고, 의식적으로 자신의 역량을 계발하는 것이다. 코칭은 주의 깊은 관찰과 피드백을 통해 상대의 장점을 끌어내고 팀의 일원으로 그 역할을 잘 할 수 있도록 돕는다. 유능한 코치는 상대의 행위를 관찰하며 상대에게 구체적인 상황이나 상태에서 어떻게 보다 더 잘 수행할 수 있는지에 대해 팁(tips)과 가이드를 준다. 코칭은 정의된 성과의 특정 목표들에 집중하며 실제로 도출될 수 있는 변화에 무게를 둔다.

셋째, 멘토링(mentoring) 리더십이다. 멘토링은 상대를 믿고 그의 긍정적 의도(positive intentions)를 적극 지지함으로써 상대가 자신의 무의식적 역량을 발견해내고 내적 저항과 방해물들을 극복하도록 인도하는 것을 의미한다. 멘토들은 자신들을 한 예로 삼아 상대의 내적인 지혜를 이끌어 내고, 함께 고민하거나 풀어내주고 드러나게 해 긍정적인 방법으로 상대의 신념과 가치를 형성하거나 영향을 주는 사람들이다. 이런 종류의 멘토링은 종종 멘토가 상대의 일부로 내재화되어 더 이상 외적으로 존재할 필요가 없다. 이런 사람들은 삶의 다양한 상황에서도 이러한 내적 멘토들을 품고 다니며 실제적인 도움을 받는다.

넷째, 스폰서링(sponsoring) 리더십이다. 스폰서십(sponsorship)은 상대의 본질이나 정체성을 보고 곧 알아보며 승인하는 과정을 의미한다. 상대를 본질로 다시 보고 그것을 지지하고 지원하는 일체의 것들을 포함한다. 스폰서십은 상대의 정체성 발견과 핵심 가치 개발에 초점을 두며, 그 안에 존재하는 가능성들을 찾아내고 지켜주는 것을 의미한다. 효과적인 스폰서십은 한 사람이나 그룹 안에 이미 존재하고 있지만 아직 그 모든 역량이 온전히 드러나지 않은 어떤 것을 나타내게 하고자하는 헌신의 결과이다.

다섯째, 각성(awakening) 리더십이다. 각성은 코칭, 멘토링과 스폰서링을 초월하여 비전, 소명과 영적 수준에 깊은 영향을 주는 과정을 의미한다. '각성케 하는 자(awakener)' 는 상대가 이해하고 있는 사랑, 참된 자아, 영성의 최상 수준을 끌어낼 수 있는 환경과 경험을 제공하며 상대를 지지하고 인도한다. 그는 자기 자신의 신실성과 일치성을 통해 상대를 깨운다. 자기 자신의 비전과 사명을 온전히 접촉한 상태에서 다른 사람들이 자신들의 비전과 사명에 접촉할 수 있도록 인도한다.

복지경영적 리더십 훈련

사회복지 조직의 리더는 물론 함께 일하는 사회복지사들의 복지경영적 리더십을 함양하는 데에 도움이 될 것으로 여겨지는 리더십 훈련 단계를 제안하고자 한다.

첫째, 준비단계이다. 이 단계에서는 '자기인식'과 사회복지 조직의 변화에 대한 동기와 가치를 포함한 '자기성찰'이 있어야 한다. 사회복지 조직을 이끌어가거나 조직이나 기관 및 시설 등에서 주어진 업무를 감당해 나가기에 앞서 자기인식과 자기성찰은 꼭 필요하다. 즉, 자신을 관리하고 타인을 이끌어야 한다. 또한 사회복지 조직의 변화에 대한 필요성과 명확한 전망과 방향 제시를 위해 조직의 외적 환경에 대한 정보 수집도 필요하다.

둘째, 시작단계이다. 이 단계에서는 변화의 필요성을 조직 구성원들과 서로 소통하고 초기에 해야 하는 핵심적인 활동들을 시작해야 한다. 동시에 복지경영적 리더십에 대한 저항을 효과적으로 해결하기 위한 대책을 사회복지 조직의 구성원들과 소통하며 나누어야 한다. 원활한 의사소통을 통해 리더의 생각을 적극적으로 전달하는 것이 필요하다. 리더십은 누구나 가지고 있지만 극소수의 사람만이 이용하는 기술과 같다. 그러나 리더십은 누구나 배울 수 있으며, 누구에게나 가르칠 수 있고, 누구도 거부하지 않는다. 그러므로 모든 구성원들과 함께 서로 배우고 나누며 설득할 책임이 사회복지 조직의 리더에게 있다.

셋째, 리더십이 본격화되는 실행단계이다. 이 단계에서는 다각적인 수단, 공동체가 분명한 비전을 향해 나아가게끔 하기, 일관성, 끈기, 메시지 반복 등이 요구된다.

넷째, 변화의 지속단계이다. 이 단계에서는 예상치 못한 결과에 대한 대처, 관성, 또 다른 시작, 새로운 주도 세력 등이 요구된다.

모든 사회복지 조직은 리더십이 있든 없든 항상 변화하고 있다. 하지만 계획된 조직의 변화는 리더십이 없이는 성공적으로 이뤄질 수가 없다. 복지경영적 리더십을 갖춘 리더는 이 과정에서 매우 중요하고 필요한 요소이다.

세상을 바꾸는 사회복지 리더 '이명묵 대표'

〈서부장애인종합복지관〉 관장
〈인간과복지〉 편집인
〈사회복지 책마을〉 이장
〈세상을 바꾸는 사회복지사〉 대표

주요저서

『지금 우리는 경춘선을 탄다』(1997)
『적극적 관점의 아동청소년복지』(2007)
『한국 사회복지사의 인권의식 1』(2010)

28년을 한결같이 사회복지사의 길을 걸어온 아름다운 사회복지 리더가 있다.
은평천사원에서 사회복지사와 사무국장으로, 강원도사회복지협의회에서 사무국장으로 일했던 이명묵 대표는 2009년부터 현재까지 서부장애인종합복지관 관장으로 활동하고 있다.
그는 사회복지를 '사람의 자유와 행복을 억압하는 조건을 제거하고 자유와 행복이 생동하는 조건을 만들어가는 것'이라고 정의한다.
그래서 사회복지사답게 사회복지를 실천하기 위해 끊임없이 사회복지사의 사회적 책무를 고민하며 글과 인권강연을 통해 후배 사회복지사들에게 도전을 던져왔다.
이명묵 대표는 새로운 세상을 꿈꾸는 것은 피할 수 없는 우리 시대의 과제라는 점을 강조한다. 그리고 2012년 7월 30여 명의 현장 사회복지사 모임으로 시작해 '세상을 바꾸는 사회복지사'가 세상에 등장했다. '세밧사'는 정의, 인권, 평등, 연대, 민주주의에 기초한 복지국가 대한민국을 꿈꾸며 오늘도 당당하게 행동하고 있다.

| 사진 출처 | 세상을 바꾸는 사회복지사 홈페이지(http://www.sebasa.org).

Chapter 12

소셜플랫폼: 지역사회 재구성

지역사회 변화의 주체는 지역주민이다.

사회복지 조직은 주민들이 지역의 진정한 주인이 되도록

사람과 사람, 공동체와 공동체를 연결시켜주는 플랫폼이 되어야 한다.

기존의 사회복지 조직이 우리나라 사회복지 발전에 이바지한 공은 아무리 강조해도 모자람이 전혀 없다. 하지만 급변하는 오늘날의 상황 속에서 사회복지 조직이 현재와 같은 모습으로 계속 남아 있어서는 곤란하다. 현재의 사회복지 조직은 지나치게 서비스 공급자 중심 체제로 고착되어 있다.

변화의 필요성

지역사회복지관의 사업과 프로그램을 살펴보면 지역이 다르고, 문화가 달라도 그 내용은 거의 대부분 유사하다. 몇몇 특화된 프로그램을 제외하고는 차별화된 접근을 찾아보기가 쉽지 않다. 사회복지사들은 사업과 프로그램 계획을 벌써부터 세우고, 그런 다음에는 미리 정해 놓고 사업을 시작하고 끝낸다. 서비스이용자들의 변화를 위해 계획되기보다는 준비된 프로그램들에 서비스이용자들의 문제들을 짜맞춰서 사업과 프로그램들에 배정하듯이 연결하여 서비스 개입실천을 수행한다. 그러다보니 지역주민의 욕구와 요구에 따른 서비스 개입실천이라기보다는 어쩔 수 없이 관행적으로 사회복지 기관 중심, 사회복지 전문가 중심으로 흘러가고 있는 실정이다.

그 결과로 우리나라의 지역사회복지 정책은 '지원' 이나 '보조' 라는 단어를 사용하여 '강한' 행정이 '약한' 지역주민, 그 중에서도 가난하고 소외된 사회적 취약계층을 시혜적으로 도와주고, 그들의 부족함을 채우도록 보조해준다는 이미지가 강했었다. 하지만 이러한 상하관계에서는 아무리 사회복지 조직이 노력을 해도 막상 사회복지서비스를 제공받는 지역주민들의 입장에서는 자신들이 느끼고 생각하며 바라는 삶의 목표와는 동떨어진 서비스를 제공받고 있다고 느낄 가능성이 높다.

이제는 바뀌어야 한다.

사회복지 조직도 지역주민의 의견을 더 적극적으로 듣고, 그것을 잘 활용하면서 능동적이며 자발적으로 지역사회를 '살기 좋은 행복한 복지 친화적인 삶의 터전'으로 만들어 나갈 필요가 있다. 사회복지 조직이 지금까지의 정부 및 지자체의 대리기관에서 본래의 '지역주민을 위한, 지역주민 중심의 지역복지서비스 기관'으로 '탈바꿈'해야 할 것이다. 나아가 민과 관, 민과 민이 함께 소통하며 활동해갈 수 있는 접근이 구체적으로 개발되고 실현되어야 한다. 따라서 혁신적인 접근이 현실화되고 보편화되어야만 우리나라의 사회복지 조직이 새로운 지역사회복지실천 서비스 조직으로, 지역주민과 진정으로 공생하는 조직으로 거듭날 수 있을 것이다.

그렇다면 어떻게 해야 할 것인가?

진정한 사회복지는 국민 스스로가 자신이 속해 있는 지역사회를 복지 친화적인 환경으로 다함께 노력하여 만들어 가는 모습으로 발전되어 가야 한다. 이를 위해서는 시혜적이고 자선적인 사회복지에서 창조적이며 자립적인 사회복지로의 전환이 필수적이다. 지역을 바꾸고, 주민의 삶을 혁신함으로써 지역사회 자체가 행복한 지역공동체가 되게끔 하는 차원에서 복지의 틀이 재구성되어야 한다.

이를테면 대규모 사회복지시설 중심의 복지실천에서 하루빨리 동 단위의 소규모 복지공동체를 형성해나가는 구조로 탈바꿈해야 한다. 지역주민 스스로가 복지의 주체가 되게끔 의식전환이 이루어져야 한다. 주민자치센터와 기존의 사회복지 기관들이 바로 지역주민의 복지향상을 위한 소통과 연계의 거점센터들로 거듭나야 한다.

사회적 취약계층에 대한 지원도 혁신되어야 한다. 최소한의 금전적 지원만으로 모든 것이 다 해결되었다는 발상에서 벗어나 이들을 인적 자본으로 인식하고 이들의 자립의지와 생산능력을 고취할 수 있는 사회적 지지체계를 마련해야 한다. 동시에 이미 존재하고 있는 다양한 지역사회 자원을 복지 자원화하여 지역의 특성과 실정에 부합하는 소규모 복지공동체들이 생겨나게 해야 한다. 정부와 지자체가 이를 뒷받침해야 한다. 지역에서 자생적으로 복지공동체를 형성해나가도록 역으로 밑으로부터의 욕구에 부응하는 지원을 할 필요가 있다.

지역사회가 끈끈한 공동체로 변모하게 되면 지역문제에 대해 주민들의 자발적 참여와 연대를 조건으로 하는 다양한 수준과 차원의 활동들이 자연스럽게 생겨나게 된다. 협동조합운동이나 사회적 기업, 공동육아, 대안교육, 지역화폐 운동 등에서 그 가능성을 이미 보고 있다. 또한 우리에게는 품앗이, 두레, 계, 향약 등과 같은 전통이 문화적으로 존재하고 있다. 이와 같은 공동체성에 기반한 우리 고유의 접근을 현대적으로 우리식 사회복지 전달체계 모델로 만들어갈 필요가 있다.

사회복지는 사업이 아니라 생활이다. 사회복지는 돈만으로 이루어지는 것이 아니라 연대와 신뢰에 기반한 상생 운동으로 펼쳐가야 한다.

그러기 위해서는 현재의 천편일률적인 사회복지 조직을 '소셜플랫폼'과 같은 구조로 각 지역의 사랑방 내지 거점센터로 거듭나게 해야 한다.

사회복지 조직과 소셜플랫폼

'소셜플랫폼(social platform)' 은 의사소통 등 일상생활에서 조직 운영과 비즈니스에 이르기까지 인간 행위의 모든 분야에 '소셜화' 즉 '사회적 확산' 이 가능하도록 하는 기반을 의미한다. 나를 중심으로 한 사회적 관계 형성이 사회적 자본을 형성할 수 있는 인프라로 작용하고 있기 때문에 소셜플랫폼은 기술적 · 산업적 가치와 이용자 중심의 사회적 가치의 결합을 촉진하여 사회 전체의 가치를 극대화할 수 있다(노규성, 2014).

이러한 소셜플랫폼의 대표적인 예로는 소셜 네트워크 서비스(이하 SNS)를 들 수 있다. 사실 SNS는 개인의 온라인 인맥관리 서비스로 출발했다. 인맥을 중시하는 우리 문화의 특성을 간파한 싸이월드가 오프라인 인맥을 온라인으로 옮겨오는 데 성공하면서 우리는 한때 '싸이월드 열풍' 에 휩싸인 적이 있었다. 그러나 엄청난 성공을 거둔 싸이월드는 플랫폼으로 진화하지 못했다. 다른 사이트와의 연계를 원천적으로 봉쇄하는 폐쇄적인 운영 정책이 문제였다. 싸이월드가 과거의 성공에 안주하고 있을 때에 페이스북, 트위터 등의 SNS가 자사의 핵심가치를 모든 사람들에게 개방하면서 플랫폼으로 진화를 시도했다. 더구나 스마트 기기의 보급 확산과 오픈 API(Application Programming Interface) 지원으로 사이트 간 연동이 확대되었으며, 이로 인해 수많은 회원과 서비스 공급자들이 몰려들면서 일상생활의 중심 분야로 자리매김하고 있다. 플랫폼은 더욱 많은 사람이 활용할 수 있도록 자신이 보유하고 있는 핵심가치를 공개함으로써 더욱 큰 가치를 얻게 되는 구조를 가지고 있다(윤상진, 2012).

소셜플랫폼에 대한 일반적인 개념을 지역사회에 적용해서 지역사회를 새롭게 변화시키는 유용한 접근으로 인식할 수 있게 해 주었던 데에는 선구적인 '지역 활동가'[1]들의 역할이 크다. 전주 한옥마을 만들기와 같은 활동을 비롯하여 지역사회를 실질적으로 재구성해 나갔던 이들 활동가들의 애끓는 노력이 있었기에 지역사회가 주민 중심의 자발적 공동체로 변화해가는 모델들이 태동되었다. 이들의 수고와 땀의 결실로 이제 '소셜플랫폼'은 말 그대로 지역사회를 '재구성'하는 발판이 되는 거점을 말하는 것(김병수 · 강내영 · 최정한, 2012)으로 개념의 확장이 이루어지게 되었다.

몇 가지 사례를 나열하며 설명해 보자. 북촌 마을 만들기 때의 행정이 지역으로 들어온 '북촌사무소', 홍대 앞의 '클럽 데이', 전주 남부시장의 '청년 몰', 문래동의 '옥상텃밭' 등과 같은 사례들이 소셜플랫폼의 가능성과 중요성을 말해준다. 무엇을 말하는가? '중앙 집권화된 관료 및 전문가 체제'가 주도하는 정책이나 자본주의 시장의 무분별한 지역 파괴 경향에 맞서 이들 기성 구조에 틈새를 내는, 혹은 가능성으로만 존재하는 그런 틈새들을 발굴 육성하여 대안적 방안으로 자리 잡

---

1) 1990년대 말부터 지역을 살리기 위해 치열한 지역 운동을 펼쳐온 김병수, 강내영과 최정한의 살아있는 이야기가 담겨 있는 책 『지역의 재구성』에서 제시되고 있는 '소셜플랫폼'에 대한 인식과 철학이 깊은 통찰로 다가온다.

게 하는 모든 지역 활동들이 바로 이런 소셜플랫폼을 만드는 일이라 할 수 있다.

실제로 우리네 지역사회는 종종 자본주의 시장경제 체제가 낳은 문제로 붕괴를 경험하고 있으며, 지역사회의 구성원인 주민들의 일상은 자본의 포섭에 쉽게 노출된다. 그렇게 되면 지역사회는 다양한 사회문제를 '지역사회 그 자체' 로는 해결할 수 없게 된다. 지역사회가 '문제를 해결하는 힘' 이 되기 위해서는 지역사회가 대안의 근거지가 될 수 있어야 한다. 그게 바로 지역사회의 재구성이며 지역사회 재구성은 이런 맥락에서 볼 때 지역화 실천 운동이다(김정원 외, 2012). 지역화 실천 운동이란 지역주민이 주체가 되어 자발적인 의지와 노력으로 지역사회의 문제들을 해결해 나가려는 적극적인 활동을 말한다. 그러므로 지역화 실천의 핵심은 '아래로부터의 변화' 이며 '위에서 아래로' 가 아닌 '아래에서 위로' 방식을 통한 주민 조직화이다. 이런 과정을 거쳐 지역주민은 비로소 '시민' 으로 성숙해 간다. 받는다는 의식에서 당연한 권리로 누린다는 시민의식이 함양되는 것이다.

이와 같은 소셜플랫폼의 구축을 사회복지 조직에서 복지경영의 일환으로 해나가게 되면 전통적으로 지역 주민의 직접적인 참여가 지극히 한정되어 있었던 사회복지 조직의 공급자 중심 서비스가 서비스를 제공받는 이용자 중심으로 변화해갈 수 있는 획기적인 출발이 될 수 있다. 즉, 소셜플랫폼을 통해 다양한 형태의 지역주민 중심의 서비스가 이루어지게 되면 지역주민들의 참여가 보다 쉬워지고 다양한 의견을 말할 수 있는 기회도 증가하게 될 것이다.

대체로 사회복지 조직에서 서비스 계획은 거의 대부분 사회복지사들이 수립하고 사회복지사들이 수립한 대로 실행되고 평가되는 방식이었다. 하지만 소셜플랫폼의 방식으로 사회복지 조직의 서비스가 전환되면 서비스를 제공받는 이용자들 모두가 함께 공감하는 문제를 합의된 방식으로 해결해 나갈 수 있을 것이다. 이렇게 될 때에 지역주민은 언제나 서비스를 제공받아야 하는 대상이라고 낙인찍히지 않을 수 있고, 동시에 지역주민 스스로가 자신의 생활과 문제에 대해 깊은 관심을 갖게 될 뿐만 아니라 자신이 살고 있는 지역사회에 대한 애정이 높아지게 된다.

여기서 의미 있는 사례 하나를 살펴보자. 사회복지법인 밀알복지재단이 운영하는 '밀알미술관'과 도자예술로 장식된 연주홀 '세라믹팔레스홀'이다. 밀알미술관과 세라믹팔레스홀은 발달장애아 특수학교인 밀알학교 내에 있다. 장애인을 교육하는 특수학교 내에 '미술관'과 '연주홀'이라 하면 언뜻 이해가 되지 않을지도 모르겠다. 하지만 밀알미술관과 세라믹팔레스홀은 존재한다. 그것도 그저 그런 미술관과 연주홀이 아니라 수준 높은 작품 전시가 늘 이어지고, 정상급 예술가들의 연주가 울려 퍼지는 우수한 예술공간이다.

밀알미술관과 세라믹팔레스홀을 찾는 사람들이 밀알학교를 빈번하게 드나든다. 학교의 문은 언제나 열려 있고, 주민들은 마실을 가듯 학교로 향한다. 과거 특수학교는 장애인 학생과 그 부모들, 특수교사와 치료사들만이 오고가는 곳이었다. 하지만 미술관과 연주홀을 이용하고 또한 부대시설로 있는 베이커리와 카페를 이용하는 사람들이 늘어나면서 덩달아 지역에 사는 사람들의 자부심이 커지고 주민들이 선호하는 복합문화공간이 되었다.

학교가 처음 들어설 때에 강하게 반대했던 주민들을 향해 학교는 스스로 문을 열어 지역사회와 소통하는 플랫폼의 기능을 갖춰갔다. 그리고 이제는 장애인과 그 가족, 지역주민들이 한데 어우러지는 사회통합의 현장이 되고 있다.

밀알미술관 소장품

제목/ 노래
작가/ Zhu Legeng
소재/ 도자기

세라믹팔레스홀 벽면 도자타일

실내음향에 영향을 주는 내부 확산체를 세라믹 도자기로 장식한 세라믹팔레스홀, 소리가 명료하게 잘 전달되어 연주자들에게 인기가 높다.

사회복지 조직이 이렇게 변화되어야 한다. 서비스이용자들만이 오고 가는 곳이 아니라 누구나 언제든 이용할 수 있는 지역사회의 거점센터가 되어야 한다. 그리고 그곳은 영원히 있는 곳이 아니라 언제든 여건이 허락되면 서비스이용자 스스로가 원하는 삶의 목표를 향해 나아갈 때, 자연스레 떠날 수 있는 도약과 새로운 출발의 현장이 되어야 한다.

'지역사회' 라는 공동체 혹은 마을

지역사회를 지리적 근접성으로 묶이는 어떤 단위라기보다는 '생각을 공유하고 같이 느끼고 안 봐도 알고' 그러는 것들이 기초가 되는 연대적인 공동체로서 인식할 필요가 있다. 이렇게 지역사회를 정의하면 지역사회는 풍성한 의미를 담고 있는 공동체라고 할 수 있다.

사회복지 조직은 지역사회의 구성원들이 서로 돕고 섬기며 사랑하고 정을 나누며 살아가도록 돕는 소셜플랫폼이 되어야 한다. 즉, 지역사회를 소통과 긍정적인 상호작용의 공동체가 되도록 도와야 한다는 것이다. 이러한 면에서 소셜플랫폼은 소통의 공간이다. 당연히 각 지역의 실정이 다양한 만큼 여러 소셜플랫폼이 지역사회 내에 존재할 수 있으며 사회복지 조직도 그 가운데 하나로 자리 잡아 가야 하는 것이다. 하지만 주의해야 할 것도 있다. 자꾸만 관료주의화되어 가려는 사회복지 조직이 혁신적이며 창의적인 소셜플랫폼을 사회복지 행정이라는 이름으로 제도화시켜 박제화 혹은 정형화로 흐르도록 변질시키지 않게끔 해야 하는 것이 필요하다.

물론 이렇게 말하면 너무 지나치지 않느냐고 할 수도 있겠다. 왜냐하면 최근 우리나라의 사회복지 조직은 상당 부분이 민관 거버넌스의 형태로 운영되고 있기 때문이다. 거버넌스는 협치, 섭치 등으로 번역되는 영어 'governance'를 가리키며 지역 활동에서 이는 '(local) governance' 즉 (지방) 정부의 통치나 제도(정책프로세스, 행정, 관료, 공공) 등의 주도성에서 탈피하여 단순한 주민참여에 그치는 게 아니라 보다 더 높은 주민활력, 시민사회의 자치역량으로 행정과 프로세스를 주도하거나 뒷받침하며, 그 결과로 주민활력, 자치역량이 한 단계 더 성장하게 되는 방식을 말한다. 거버넌스는 공공과 시장 사이 여러 폭넓은 시민사회의 활력에 기대고 이를 적극 정책과정으로 투입한다는 점에서 지역 활동에서도 시사하는 점이 매우 크다(김병수 외, 2012).

하지만 우리나라의 거버넌스는 겉으로 드러나는 형태로만 볼 때는 이상에서 제시하고 있는 장점을 모두 갖고 있는 것으로 보이지만 실상은 여전히 관이 '갑'이고 민이 '을'인 성격을 띠고 있는 경우가 빈번하다. 관이 일방적으로 미리 다 정하고, 형식적으로 민의 의견을 묻는 것으로 포장하여 민관 협력이 되었다고 할 때가 대단히 많다는 것이다. 이와 같은 문제를 제기할 때마다 관에서 주장하는 주된 논리는 지역사회의 상황과 지역주민의 역량이 부족하기 때문에 관 주도적인 접근은 불가피하는 것이다.

그러나 지역사회는 관이 생각하는 것보다 약하지 않다. 부족하지도 않다. 그저 비슷한 고민을 가진 사람들이 자연스럽게 모여 소통하는 것만으로도 지역혁신의 씨앗은 생겨나며 그런 가운데서 자연스럽게 서로 상생할 수 있는 방안들이 모색될 수 있다. 오히려 '관', 즉 정부와 지자체, 공공기관 등에서 민과 민이 협력하고 관과 민이 진정한 파트너십을 할 수 있도록 '촉진자'의 역할에 충실할 필요가 있다. 그렇게 되면 자연스럽게 지역의 역동성은 살아날 수밖에 없다. 지역이 스스로 움직이고 기능할 수 있도록 촉진하는 일에 '관'이 최선을 다하기만 하면 '민'은 스스로 알아서 성장해 간다.

그러면 '관'이 '민-관 협력'과 '민-민 네트워크'를 촉진할 수 있는 일들은 무엇일까? 어렵지 않다.

우선은 믿어주면 된다. 가령 지역사회복지의 상당 부분을 차지하고 있는 민간 위탁사업을 수행할 때에 가장 먼저 민간 위탁 기관을 신뢰해 주는 것을 들 수 있다. 신뢰한다는 것은 적극적인 소통을 한다는 의미이기도 하다. 솔직히 '관'의 입장에서는 소통이 귀찮을 수 있지만 이 방식이 정착된다면 운영의 투명성이 높아져 결과적으로 시간과 비용 면에서 효율적이며 서로 간에 만족스러운 문제해결 방식으로 자연스럽게 이어질 것이다.

다음으로 민의 입장을 이해하면서 공공 행정의 과정과 내용을 친절하게 설명해 주면 된다. 많은 지역주민이 납세자의 당연한 권리로 정부나 지자체에게 '설명'을 요구하고 있다. 그것은 지역주민 대부분이 스스로 납부한 세금이 적절하게 지출되고 있는지에 강한 관심을 갖고 있기 때문이다. 지역의 문제해결이 지역주민 중심으로 이루어져야 하는데도 그 문제해결이 어려운 사회적 취약계층에 속해 있는 주민들은 자신의 권리와 삶에 무관심하여 대부분 지자체에 자신의 운명을 맡겨왔다. 그러다보니 정부나 지자체는 서비스를 제공하고 지원하는 입장에서 자꾸만 권위적이 되고 제공하는 서비스가 "이용자에게 어떠한 이익이 있는가?"에 대해 충분히 설명하지 않는 경우가 많았다. 결과적으로 서비스가 잘 제공되고 있음에도 지역주민의 입장에서 볼 때에는 투명성이 낮아 보일 때가 있었다. 정보화 사회에서 충분한 정보제공의 기능은 관에 요청되는 기본자세이다.

소셜플랫폼을 만드는 몇 가지 방안

지역사회에서 지역주민이 삶의 구체성을 회복하려면 지역을 재구성하기 위한 소셜플랫폼으로서의 역할이 사회복지 조직을 통해서 나타나야 한다. 그러면 사회복지 조직은 어떻게 '소셜플랫폼'을 만들 수 있을까?

첫째, '창조적 재구조화를 추진하는 것' 이다. 지역사회 자체를 창조적으로 다시 새롭게 재편해 가는 방식이다. 이를 위해 모델이 될 만한 장소와 기관을 세워가야 한다. 앞서 언급했던 밀알미술관과 세라믹팔레스홀의 사례가 여기에 해당된다고 할 수 있다. 특수학교라는 개념을 창조적으로 재구조화해서 지역사회에 새로운 소셜플랫폼의 모델을 제시했기 때문이다.

둘째, '사회적 기업형' 이다. 이는 김병수 등(2012)이 경험적으로 제시했던 한옥마을에서 동문거리, 남부시장에 이르는 공간적 외연 확장과 더불어 공공디자인을 매개로 한 초기의 커뮤니티 만들기로부터 문화와 사람을 이어 장소를 만들고 장소에 의해 지역사회를 통합하고 재생시키는 플랫폼 만들기로 진화하는 것을 말할 수 있다. 특히 청년 창업의 창조적 에너지에 주목한 남부시장의 청년몰 플랫폼은, 생명력을 잃어가던 전통시장이 미래지향의 삶과 하나로 만나는 창조적 실험이다. 바로 이러한 지역 재구성이야말로 '사회적 기업형' 이다.

셋째, '커뮤니티 비즈니스형' 이다. 커뮤니티 비즈니스란 '커뮤니티' 라고 하는 지역사회에 기반을 두고 사회적 문제를 해결하기 위해 비즈니스 원리를 도입한 활동을 의미한다(Hosouchi et al., 2001; 박혜연 · 이상현 역, 2007). 이는 오로지 '지역주민으로부터 시작' 하여 지역자립형 경제기반과 복지체계를 꾸리는 데서 지역 재구성의 실마리를 찾는 것을 말한다(김병수 외, 2012). 지역사회에 토대를 둔 '비즈니스' 로 삶의 주체성을 복원하고 신자유주의적인 자본주의의 대안으로 삼자는 것이다.

소셜플랫폼의 출발
'이상한 나라의 헌책방'을 소개합니다!

헌책방 내에서 공연, 전시, 영화 상영, 책읽기 소모임이 진행되는 모습

서점들이 대형화되고 온라인 서점이 확대되면서 어느 사이엔가 동네서점들이 하나 둘 사라지기 시작했다. 헌책방 역시 이제는 좀처럼 쉽게 찾아보기 어려운 시대가 되었다. 우리네 기억 한 켠에 자리하고 있는 헌책방에 대한 이미지는 나이 지긋한 주인이 자리를 지키고 좁은 통로마다 켜켜이 쌓인 책 위의 먼지를 털어내는 곳이리라. 헌책방의 이미지는 우리에게 그렇게 정형화되어 있다.

그런데 서울시 은평구 녹번동에 위치한 '이상한 나라의 헌책방(이하 이상북)'은 무언가 다르다. 나이 지긋한 주인도, 먼지 쌓인 책들도, 비좁은 통로 안에 쭈그리고 앉아 책 읽는 풍경도 보이지 않는다. 이 헌책방에는 깨끗이 잘 정돈된 책이 있고, 책과 어울리는 음악이 흐르며, 여유롭게 책을 읽을 수 있는 안락한 의자와 다과가 갖춰져 있다. 또한 2011년부터 정기적으로 책읽기 소모임이 진행되고 있으며, 지역 주민들이 가벼운 마음으로 문화를 즐길 수 있도록 강연이나 공연, 영화 상영 등도 꾸준히 열고 있다.

◘ 책방지기가 궁금해지는 책방

'이상북'의 책방지기 윤성근 씨는 어려서부터 '활자중독자'로 불릴 정도로 대단한 독서광이라고 한다. 그 중에서도 『이상한 나라의 앨리스』에 대한 애정이 각별해서 관련 책만 300종이 넘게 수집했으며, 책방 이름도 연결해서 지을 정도이다. 또한 그동안의 독서 경험을 살려 『심야책방』, 『침대 밑의 책』, 『헌책이 내게 말을 걸어왔다』 등의 책을 쓴 작가이기도 하다.

◘ 책방지기가 읽은 책만 권하는 책방

책방을 찾는 사람들은 책방지기에게 책을 추천해 달라거나 작가나 책의 내용에 대해 설명해 달라고 하는 등 책에 관한 얘기를 나누길 원한다. 그런데 책방에 책방지기가 모르는 책이 있으면 손님과 대화를 할 수 없다. 책을 만나기 위해 발걸음 한 이들을 위해선 자신이 읽은 책으로 이야기하는 게 좋겠다고 생각했고 그것은 곧 경영철칙이 되었다.

◘ 책과 사람을 이어주는 책방

매달 둘째, 넷째 주 금요일 저녁에 열리는 정기 공연에는 인디밴드부터 소리꾼까지 다양한 장르의 음악인이 무대에 선다. 또한 아기자기한 전시회와 낭독회, 영화 상영도 다채롭게 펼쳐진다.

"사람들이 다양한 문화를 통해 책을 접했으면 좋겠어요. 공연이나 전시, 영화만 보러오던 사람들이 책에도 흥미를 느껴 자연스럽게 책 한 권을 사 가는 것처럼요. 느리긴 하지만 책에 관심을 갖게 하고, 한 번쯤 읽어 보게끔 했잖아요. 그게 중요한 거죠."

- **주 소:** 서울시 은평구 녹번동 82-27
  (지하철 6호선 역촌역 3번 출구에서 5분 거리)
- **전 화:** 070-7698-8903
- **홈페이지:** http://www.2sangbook.com
- **영업시간:** 오후 3시 ~ 밤 11시 (매주 화요일과 일요일은 휴무)

| 사진 출처 | 이상한 나라의 헌책방 홈페이지(http://www.2sangbook.com).

에필로그:
전망과 과제

비전은 속도가 아니라 방향이다.

복지경영에서 길을 찾다

2015년 현재 중앙정부의 복지정책만 해도 대충 어림잡아 거의 350여 가지가 넘는다. 지방정부에 위탁되어 시행되는 사업도 족히 300여 가지가 된다. 그 뿐만 아니라 지자체 특화사업만도 최소한 100여 개에 이른다. 2008년 이후 폭발적으로 늘고 있는 복지재원 마련이 지자체의 가장 골치 아픈 현안이 된 것은 지극히 당연하다. 경기가 회복되거나 호전되지 않고 지금의 사회복지전달체계가 그대로 간다면 앞으로 어떤 식으로든 세금은 더 늘어날 수밖에 없다.

북유럽 복지선진국들과 같이 고부담 고복지로 가기에는 우리의 현실이 너무 팍팍한데 국민의 복지욕구와 기대치는 과도하게 높아져 있는 것이 현실이다. 더욱이 복지 사각지대에 대한 접근도 여전히 미흡하다. 결국 이제는 우리나라의 사회복지정책의 패러다임과 전달체계, 실제적인 사회복지사업 등을 근본적으로 혁신해 나가야 할 고민과 성찰이 진지하게 시작되어야 할 때가 된 것이다.

그러면 어떻게 할 것인가? 이 책에서 그 해답을 찾아보고 싶었다. '복지경영' 으로 표현하고 설명해 보았다.

사회복지의 방향

'사회복지' 라고 하면 모두들 '밑 빠진 독에 물 붓기' 식의 퍼주기 사업이라고 생각하는 것 같다. 동시에 일률적이고 정형화된 현금이나 현물 지원에 국한된 것으로 오해한다. 하지만 사회복지의 궁극적인 목적은 서비스를 통해 대상자들이 스스로 자립할 수 있는 역량을 키워서 가능한 한 빠른 시간 내에 사회의 생산적인 주체로 세워져 가게끔 하는 데에 있다.

고용 상황에 능동적으로 대응하기 어려운 사회적 취약계층에 대한 관심이 촉발되면서 '사회적 기업' 등 다양한 형태의 '사회적 경제' 조직으로 발전하는 계기를 제공했다. 하지만 정부와 지자체의 지원과 사회적 경제 조직 활성화를 위한 노력은 지나치게 관 주도적이다. 솔직히 그렇다 보니 사회적 경제 조직별로 관계 법령이 정하는 바에 따라 인건비, 사업개발비 등이 상이하게 집행되고 있으며, 공공 부문의 우선적 생산품 구매지원은 공통적으로 추진되고 있으나 대상 지자체 및 기관별로 상당한 격차가 존재한다.

중요한 사실은 고용과 일자리에 있어서 과거와 같은 정부 주도적 정책만으로는 더 이상 효과를 기대할 수 없다는 데에 있다. 실제로 상당수의 사회적 경제 조직들이 정부의 재정지원이 끊기게 되면 더 이상 사업을 지속할 수 없는 상황에 처해 있다. 사회적 경제 조직 대다수는 소상공인 수준의 적은 인력과 낮은 매출 수준에 머물러 있어서 일상적인 인력난을 겪고 있음에도 인력충원을 위한 재정적인 뒷받침이 없어서 추가적인 인력 확보조차도 제대로 이루어지지 못하고 있는 것이 현실이다.

그러나 해결방안은 있다. 가장 우선적으로 사회적 경제 조직에 대한 국민의 의식이 획기적으로 전환되게끔 범정부적 차원에서 홍보가 진행되어야 한다. 다음으로는 사회적 경제 조직들의 실제적인 어려움들을 해결하게끔 적극적으로 지원하고 컨설팅할 수 있는 네트워크를 형성해야 한다. 나아가 시민과 창업 희망자, 종사자, 관계기관 직원 등을 대상으로 전반적인 지식전수 수준의 교육만이 아니라 수준별 맞춤형 실무중심 교육을 전문 기업들과의 네트워크를 통해 실시해야 한다. 또한 정부와 지자체, 민간기관, 대기업 등을 통한 사회적 경제 조직 활성화를 위한 기금을 조성하여 지역 내 인큐베이팅 사업을 활성화해야 한다. 동시에 생산된 제품이나 서비스가 시장에서 활발하게 유통되게끔 지원해야 한다.

이제 사회복지는 사회적 취약계층에게 일자리를 제공해 줌으로써 서비스 대상자가 유능한 사회적 인적자본이 되도록 하는 사회적 서비스로 전환되어가야 한다.

이 책에서 줄기차게 설명했던 핵심적인 통찰이자 주장이다.

함께 논의하자

국민들이 행복해 보이지 않는다. 온갖 정쟁과 갈등, 반목 등이 나라 전체를 뒤흔들고 있다. 여야 간 싸움은 보편화된 현상이 되었다. 무기력하고 탐욕스러운 정치권은 국민의 신뢰를 잃은 지가 오래되었고, 그 사이 우리네 직장, 가정, 지역사회 등 모든 삶의 현장들은 삭막한 전쟁터가 되고 말았다. 인정 많고 사람 좋은 삶의 터전들이 천박하고 저급한 이기심과 탐욕으로 얼룩진 경쟁사회로 변질되고 말았다.

어느덧 우리가 사는 지역사회에서 '공동체성'은 흔적도 없이 사라져 버렸다. 사람 사는 곳에서 이런저런 일을 하며 서로 도우면서 살아가는 정겨운 전통은 더 이상 찾기 어렵게 되었다. 과거 우리는 가난했지만 적어도 우리가 살고 있는 지역사회만큼은 함께 정을 나누는 장소이자 상호의존적이고 호혜적인 사람들의 관계망이었다. '공동체성'이라는 기능이 상실된 도시는 더 이상 행복한 생활 현장이 아니다. 안타깝게도 지역사회에서 우리가 꿈꾸고 누리려고 했던 행복은 더 이상 존재하지 않는 것 같아 보인다. 삶은 팍팍해지고 이웃 간의 정은 점점 더 메말라 가고 있다.

2013년을 기준으로 우리나라 국민의 행복지수는 OECD 34개 회원국 가운데 33위, 복지 충족지수는 31위, 자살률은 1위로 보고되었다. 미국 여론조사기관 갤럽이 발표한 '삶의 질' 지수에서도 우리나라는 조사대상 135개국 중 75위를 기록하였다. 이는 내전을 겪은 73위의 이라크보다 낮은 수치이다.

이 지경까지 되었는데도 정부와 정치권은 무기력해 보인다. 정부와 여야 간에는 소통이 없는 것처럼 비친다. 국민의 행복을 위해 머리를 맞대고, 서로의 마음을 여는 진정한 소통과 화합의 정치는 결코 우리에게는 이루어질 수 없는 일일 것 같은 불길한 예감이 든다. 광화문 광장의 세종대왕 동상 앞에서 외국인 관광객들이 사진을 찍고 있는데, 정작 세종이 지금의 우리네 현실을 본다면 뭐라고 하실지 염려스럽다. 조선 건국이라는 창업의 어수선한 혼란기를 종결시키고 정치를 안정시켜 행복한 나라를 구축하신 세종의 소통하는 리더십이 그립다. 재상과 여러 신하들 그리고 집현전 학사들을 중심으로 활발한 논의와 토론을 거쳐 정책을 입안하고 실행했던 정치 운영의 방식이 지금 우리에게 필요하다. 세종이 즉위하면서 제일 처음 하신 일이 "함께 논의하자!" 였다는 것을 볼 때, 세종의 치적이 가능했던 것은 소통이었을 것이다.

이 책에서 끊임없이 강조했던 '소통' 이 너무나 그리운 것은 현재 우리의 삶과 무관하지 않다.

이제는 '민과 관' 이 진정으로 함께 가야 한다

수많은 정부 정책들 가운데서 가장 민감하게 고민하고 신중하게 다루어야 할 영역이 국민의 생존과 복지에 관련된 것이다. 안타깝게도 우리의 복지정책은 아직도 공급자 중심의 사고에 고착되어 있어 보인다. 무상보육의 예만 보아도 그렇다. 문제가 터져 여론몰이에 따라 정책의 수정과 보완이 이루어지는 전근대적인 모습이 현실이다. 왜 이렇게 되었는가? 깊이 생각해볼 필요도 없다. 삼척동자도 다 알만한 일이다. 국민의 복지를 공급자인 정부와 지자체 즉, '관' 주도적으로 진행하고 있기 때문이다.

물론 다행스럽게도 복지정책을 지역사회의 욕구에 부응하도록 '민'

과 '관' 이 협력하여 수행하게끔 한 획기적인 제도도 있다. 바로 '지역사회복지계획' (법 개정으로 향후에는 '지역사회보장계획' 이 될 것이다.)이다. 지역실정에 맞는 복지정책수립을 통해 지역의 복지수요에 능동적으로 대응하고 지역복지역량을 강화하도록 사회복지사업법에 의해 지역사회복지계획의 수립이 의무화된 것이다.

하지만 지역사회복지계획도 형식은 '민' 과 '관' 이 협력하는 것으로 보이지만 결국은 '관' 이 주도하는 양상으로 흘러갈 가능성이 높아 보인다. 실질적인 지역사회복지 사업의 예산이 거의 대부분 '관' 으로부터 나오는 실정에서 실제 지역사회복지계획의 수립과 실행에 있어서 '민' 이 자기 목소리를 내기란 쉽지 않기 때문이다. 결국 지역주민들의 참여와 협력이 부족할 수밖에 없고, '민' 을 대표하는 사람들도 '관' 친화적일 경우가 빈번하다.

이제는 시민의 역량을 키우고 결집시키는 일이 절대적으로 필요하다. 유효한 정책과 계획이 개발되고 수립되어도 집행 과정에서 이를 전달하고 수행할 수 있는 지역의 민간 역량이 갖춰지지 않으면 민관 협력은 불가능하다. 민간의 힘을 끌어내어서 그 힘을 지역사회복지에 쏟게끔 하는 일은 지역사회를 행복한 공동체로 만드는 데에 결정적인 역할을 할 수 있다. 민간의 역량을 강화시키고 이를 효과적으로 결집하여 시너지 효과를 내는 일이야 말로 공급자 중심의 복지에서 서비스이용자의 권리에 기반하는 모습으로 발전해 가는 시금석이 되는 것이다. 따라서 민간의 다양한 인적 · 물적 자원들을 지역사회복지 현장에 적극적으로 유입할 수 있는 정부와 지자체의 창의적인 노력이 필요하다.

지역사회복지는 민간의 역량을 최대화하여 '민과 관' 이 진정으로 함께 이루어가야 한다. 종전의 정책 집행 방식이 정부 및 지자체의 '일방적 결정과 공표' , 만약 '반발' 이 있으면 '방어적 대응' 을 하는 데에서 벗어나서 민간의 적극적인 '참여-협상-보상' 의 접근이 되어야 한다.

미래를 위한 투자

2015년 2월 청년 실업률은 11.1%로 외환위기 이후 최고 수준을 기록했다. 6월 청년 실업률은 10.2%로 전체 실업률(4.1%)의 두 배 이상이다. 문제는 정부가 제시하는 수치는 대체로 최소의 실태를 반영하는 것이기에 실제로 일자리를 구하지 못하는 청년층은 30%를 훨씬 넘을 것으로 추정된다.

사회 일각에서는 지나친 대학 진학률이 청년층의 노동시장 '미스 매치' 현상을 가속화시켰고, 이로 인해 청년 실업이 급증하게 되었다고 말한다. 또 다른 일각에서는 고령층의 정년 연장과 베이비부머 세대의 일자리 시장 확대로 청년층 일자리의 상대적 축소 현상이 청년 실업의 주범이라고 한다. 이러한 진단은 부분적으로는 맞지만 이미 대학을 졸업하고 취업하려고 안간힘을 다하는 청년들에 대해서는 너무 무책임한 원인 분석이다. 또한 천신만고 끝에 취업장벽을 넘는다 해도 청년들 앞에 펼쳐지는 현실은 그리 녹록치 않다.

이제는 좀 더 큰 틀에서 청년실업을 바라보아야 한다. '실업' 이라는 문제 자체에만 몰입하지 말고, 대한민국 청년의 성장 잠재력에 국가와 기성세대가 어떻게 투자할 것인지에 관심을 극대화해야 한다. 지금의 기성세대가 100세까지 살게 되면 현재의 청년들과 싫어도 최소 40~50년은 함께 살아야 한다. 그러니까 청년의 능력을 강화시켜서 이들이 탁월한 역량을 발휘하게 하여 미래의 대한민국을 먹여 살릴 수 있게끔 해야만 우리의 미래가 있는 것이다. 청년들이 당면해 있는 고용 절벽을 최대한 완화하고, 청년들에게 적극 투자해서 그들이 크게 성장해야만 향후 중장년층 고용안정을 함께 달성하는 세대 간 상생 고용이 가능해질 수 있다.

그러므로 사회투자적인 관점에서 청년들을 대상으로 집중적인 지원을 과감하게 실행하자. 이를테면 학자금이나 생활비, 병원비 등 생계형 청년부채를 획기적으로 탕감하거나 그 해결을 위한 일정 부분의 지원을 할 수 있는 정책적 방안을 모색해보자. 또한 청년 임대공공주택 보급 사업, 청년 창업 지원, 구직활동과 취업알선 지원을 청년들의 관점에서 전면 재조정해보자. 청년층의 실업문제를 청년들이 해결할 수 있도록 해보자. 정부와 지자체, 그리고 청년층 실업문제를 담당하는 공공기관들마다 청년들의 적극적인 의견을 수렴할 수 있는 통로를 만들자. 역사상 가장 수준 높은 고등교육을 받은 우리의 젊은 세대에게 할 수 있는 한 최대의 지원을 해보자. 그것만큼 미래를 담보하는 투자가 또 어디에 있는가?

복지경영에서 희망을 보다

이 책을 마무리한다. 처음 책을 쓰기 시작했을 때에는 많이 울적했는

데 지금은 희망을 본다. 부족하지만 이 책을 통해서 고민한 내용들이 '복지경영' 이라는 틀 속에서 해결되기를 꿈꾸어 본다.

그런데 막상 원고를 출판사에 갖다 주려고 하니 겁이 덜컥 난다. 부들부들 떨린다. 또 후회할 일을 한 것 같다.

그래도 부족한 글이지만 사회복지실천 현장에서 수고하고 애쓰는 수많은 사회복지사들과 리더들이 우리들의 사회복지 조직을 보다 더 서비스이용자의 권리와 욕구 중심으로 '탈바꿈' 해 나가는 전환점이 되는 데에 조금이나마 도움이 되었으면 한다.

끝으로 필자를 포함하여 이 땅에서 이름도 없이 빛도 없이 사명으로 일하는 사회복지사들에게 말하고 싶다.

> "이제는 사회복지서비스를 제공하는 데에만 과도하게 몰입하지 말고 앞과 옆 그리고 과거를 돌아보며 현재를 성찰하고 미래를 전망하면서 '복지경영' 을 실천해보자!"

> "우리 사회복지사들이 수행하는 이 숭고한 활동이 지역사회를 살리고, 서비스이용자들을 신바람나게 할 것을 믿어 의심치 말고 정진해 가자!"

참고문헌

김병수 · 강내영 · 최정한(2012). 지역의 재구성. 서울: 알트.

김성기(2011). 사회적기업의 이슈와 쟁점 - '여럿이 함께' 의 동학. 강원: 아르케.

김성기 · 김경아 · 김영식 · 박경진 · 조경희(2015). 사회적 경제 기업을 위한 공공시장 마케팅 - 혁신적 공공서비스를 위하여. 강원: 아르케.

김수욱(2009). "경영학적 관점에서 본 복지경영". 경기복지미래재단 창립 2주년 기념 심포지엄 〈복지경영: 복지와 경영의 만남〉 제2주제 발표문.

김정린(2005). 비영리조직 경영. 서울: 아르케.

김정원 · 백학영 · 이문국 · 전세나 · 조성은(2012). 사회적 경제와 자활기업. 강원: 아르케.

노규성(2014). 플랫폼이란 무엇인가. 서울: 커뮤니케이션북스.

박경권 · 박한수 · 이종만(2011). 비영리조직과 경영. 서울: 청람.

박상필(2006). NGO학 강의. 서울: 아르케.

박현식 · 이윤정 · 이선형 · 배지연 · 권경주(2009). 고령친화산업과 복지경영의 이해. 경기: 양서원.

신봉호 · 조우현 · 윤원배 · 이장원(2005). 이제는 사람이 경쟁력이다. 서울: 한겨레신문사.

양용희 · 김범수 · 이창호(1997). 비영리조직의 모금전략과 자원개발. 서울: 아시아미디어리서치.

양원석(2005). 사회복지 브랜드 전략. 서울: 나눔의집.

윤상진(2012). 플랫폼이란 무엇인가? 서울: 한빛비즈.

이동규(2006). 사회복지법인의 경영과 회계. 경기: 집문당.

이봉주(2009). "사회복지학적 관점에서 본 복지경영". 경기복지미래재단 창립 2주년 기념 심포지엄 〈복지경영: 복지와 경영의 만남〉 제1주제 발표문.

이봉주(2010). "복지와 경영의 융합: 공급자 중심에서 수요자 중심 복지로". 경기복지재단 · 한국사회복지학회 공동 심포지엄 〈복지한국의 새로운 패러다임 모색〉 제2주제 발표문.

이용교 편(2013). 한국 사회복지를 개척한 인물. 광주: 광주대학교 출판부.

이준우(2009). 사회복지실천기술론. 서울: 파란마음.

이준우 · 박종미 · 김주영 · 최수진(2014). 태화 기독교사회복지실천의 역사적 의미와 과제. 서울: 사회복지법인 감리회 태화복지재단 사회복지연구소.

이준우 · 임원선(2011). 전문 사회복지실천론. 서울: 인간과복지.

임상사회복지실천연구회 편(2014). 사회복지 역사를 세운 실천현장의 인물들. 서울: 학지사.

임창희(2014). 인적자원 관리(제3판). 서울: 비앤엠 북스.

정무성 · 황정은(2013). 사회복지 마케팅. 서울: 신정.

정충영(2000). 경영이해. 서울: 박영사.

채준안 · 이준우(2012). 한국 EAP의 이해와 실천. 경기: 서현사.

하버드 경영대학원(2003). *Managing Change and Transition*. Boston, MA: Harvard Business School Press. 현대경제연구원 역(2004). 변화 경영의 핵심 전략. 서울: 청림출판.

하버드 경영대학원(2003). *Managing Creativity and Innovation*. Boston, MA: Harvard Business School Press. 현대경제연구원 역(2004). 창의와 혁신의 핵심 전략. 서울: 청림출판.

한국월드비전(2015). 2014 한국월드비전 연차보고서.

한국주민운동정보교육원 편(2010). 주민운동의 힘, 조직화 - CO방법론. 서울: 제정구기념사업회.

홍성태 · 조수용(2015). 나음보다 다름. 서울: 도서출판 북스톤.

화성시남부노인복지관(2011). 만사대전보 4호.

화성시남부노인복지관(2011). 만사대전보 5호.

화성시남부노인복지관(2012). 만사대전보 9호.

화성시남부노인복지관(2012). 만사대전보 10호.

Allan, D., Kingdon, M., Murrin, K., & Rudkin, D. (2002). *Sticky Wisdom: How to Start a Creative Revolution at Work*.

Oxford: Capstone. 권양진 역(2008). 혁신의 기술. 서울: 평단문화사.

Bloodworth, V. J. (1980). *Key to yourself: opening the door to a joyful life from within*. CA: DeVorss & Co. 공보경 역(2005). 깨달음의 열쇠. 서울: 지원북클럽.

Drucker, P. F. (1990). *Managing the Non-profit Organization*. New York: Harper Collins Publishers, Inc. 현영하 역(1995). 비영리단체의 경영. 서울: 한국경제신문사.

Espy, S. N. (1992). *Marketing Strategies for Nonprofit Organizations*. Chicago: Lyceum Books, Inc.

Grace, K. S. & Wendroff, A. L. (2000). *High Impact Philanthropy: How Donors, Boards, and Nonprofit Organizations Can Transform Communities*. New York: John Wiley & Sons. 김경희 역(2004). 기부문화의 대변혁 - 비영리기관 모금을 위한 발상의 전환. 서울: 아르케.

Harris, E. K. (2003). *Customer Service: A Practical Approach* (3rd ed.). New Jersey: Prentice Hall. 이은희 · 김경자 역(2003). 고객서비스 실무. 서울: 시스마프레스(주).

Hosouchi, N. (2001). *Chiiki O Genki Ni Suru Community Business*. Tokyo: Gyosei Corporation. 박혜연 · 이상현 역(2007). 지역사회를 건강하게 만드는 커뮤니티비즈니스. 서울: 아르케.

Kahn, S. (1991). *Organizing, a Guide for Grassroots Leaders*. Washington, DC: NASW Press. 이문국 · 이인재 역(2002). 지역복지 실천전략. 서울: 사회복지 전문출판 나눔의집.

Kotler, P. & Andreasen, A. (1991). *Strategic Marketing for Nonprofit Organizations* (4th ed.). New Jersey: Prentice Hall, Inc.

Kotler, P. & Keller, K. L. (2001). *A Framework for Marketing Management*. New Jersey: Prentice Hall. 조호현 · 신종칠 · 홍성태 · 김동진 역(2008). 마케팅 관리. 서울: 시그마프레스.

Kotler, P. & Lee, N. R. (2007). *Marketing in the Public Sector: A*

Roadmap for Improved Performance. New Jersey: Wharton School Publishing.

Magretta, O. (2002). *What Management Is: How It Works and Why It's Everyone's Business*. New York: Free Press. 권영설 · 김홍열 역(2004). 경영이란 무엇인가. 경기: 김영사.

Matsuo, T., Nishikawa, Y., & Yisa, A. (2005). *Community Development Initiatives by Citizens*. Tokyo: Soseisha Publishing Co. 진영환 · 임정민 · 정윤희 역(2006). 시민이 참가하는 마치즈쿠리 (전략편) - 참가와 리더십-자립과 파트너십. 경기: 한울.

Maxwell, J. C. (2000). *The 21 Most Powerful Minutes in a Leader's Day*. Nashville, Tennessee: Thomas Nelson, Inc. 채천석 역(2002). 성경에서 배우는 불변의 리더십. 경기: 도서출판 청우.

Porter, M. E. (1996). "What is Strategy?". *Harvard Business Review*, 74(6), 61-78.

Ries, A. & Ries, L. (2002). *The 22 Immutable Laws of Branding*. New York: Harper Collins Publishers. 배현 역(2008). 브랜딩 불변의 법칙. 서울: 한국물가정보.

Ries, A. & Trout, J. (1995). *Bottom-up Marketing*. New York: McGraw-Hill Companies, Inc. 강제우 역(2012). 한계상황을 돌파하는 현장전술의 힘 - 보텀업 마케팅. 서울: (주)다산북스.

Saitoh, Y. (1998). *Strategic Scenario Core Skills and Techniques*. Tokyo: TOYO KEIZAI, Inc. 서한섭 역(2001). 맥킨지식 전략 시나리오. 서울: 거름.

Stott, J. R. W. (1983). *A Call to Christian Leadership*. Chicago: Marshall, M & S. 김현수 역(1989). 기독교적 리더쉽이 필요한 시대. 서울: IVP(한국기독학생회출판부).

Trout, J. & Ries, A. (2000). *Positioning*. New York: McGraw-Hill Companies, Inc. 안진환 역(2006). 포지셔닝. 서울: 을유문화사.

Yamamoto, S. (2010). *Hito Wo Tasukete Shigoto Wo Tsukuru Shakai Kigyoka No Kyokasho*. 김래은 역(2011). 사회적기업 창업 교과서. 서울: 생각비행.

Young, D. R. & Steinberg, R. (1995). *Economics for Nonprofit Managers*. New York: The Foundation Center. 이형진 · 오훈희 · 김정린 역(2008). 비영리 경제학 - 비영리경영을 위한 경제학 교과서. 서울: 아르케.

경기일보(2014. 2. 10). "우울한 대한민국? OECD 국가 중 행복지수 최하위권".
문화일보(2015. 7. 15). "청년 실업률 10.2%… 다시 상승세로".
미디어잇(2015. 7. 22). "호텔 수준의 서비스와 안락함 제공 - CGV 템퍼시네마 오픈".

경기도 무한돌봄센터(http://muhan.gg.go.kr)
굿윌스토어 밀알송파점(http://www.goodwillsongpa.org)
대한민국 인재개발원(http://cafe.naver.com/koreahrdacademy/1614)
밀알미술관(http://www.milalmuseum.or.kr)
밀알복지재단(http://www.miral.org)
밀알학교(http://www.miral.sc.kr)
사회복지 책마을(http://cafe.naver.com/hwbook)
세라믹팔레스홀(http://www.cphall.org)
세상을 바꾸는 사회복지사(http://www.sebasa.org)
에비앙 코리아(http://www.eviankorea.com)
월드비전(http://www.worldvision.or.kr)
유한킴벌리(http://www.yuhan-kimberly.co.kr)
이상한 나라의 헌책방(http://www.2sangbook.com)
저출산고령사회위원회(http://precap.go.kr)
태화기독교사회복지관(http://www.taiwha.or.kr)
태화복지재단(http://www.taiwhafound.org)
태화샘솟는집(http://www.fountainhouse.or.kr)
화성시남부노인복지관(http://www.hssenior.or.kr)
화성시니어클럽(http://hsseniorclub.or.kr)
SL컨설팅 EAP연구소(http://www.koreaeap.co.kr)

저자 소개

이 준 우(李 峻 宇)

총신대학교 종교교육학과 졸업
총신대학교 신학대학원 졸업
숭실대학교 사회사업학과 학부과정 이수
숭실대학교 대학원 사회복지학 석사 · 박사
사우스웨스턴침례신학대학원 목회학 박사과정 수료

강남대학교 사회복지전문대학원 교수
강남대학교 일반대학원 수화통번역학과 주임교수
강남대학교 부설 한국CISM연구소 소장

(2013~2015) 강남대학교 교목실장
(2011~2013) 화성시지역사회복지협의체 민간 공동위원장
(2010~2013) 강남대학교 사회복지대학 학장
(2008~2013) 강남대학교 사회복지전문대학원 원장
(2008~2012) 한국교회사회사업학회 회장
(2008~2012) 화성시남부노인복지관 관장
(1997~2012) 남서울은혜교회 장애우위원회 지도목사
(1997~1999) 사회복지법인 밀알복지재단 사무국장
(1991~1997) 충현교회 청각장애인부 지도교역자
(1989~1990) 사단법인 베데스다선교회 교육간사

목사이면서 교수이고, 사회복지사인 일명 '목수사'로 대학시절 하나님의 섭리 가운데 마주한 청각장애인들과의 만남을 시작으로 장애인과 함께하는 사회복지실천, 교회를 중심으로 펼쳐지는 사회복지실천에 헌신해왔다.
1989년 사단법인 베데스다선교회 교육간사로 출발하여 1997년부터 1999년까지 사회복지법인 밀알복지재단 사무국장으로, 2008년부터 2012년까지 화성시남부노인복지관 관장으로 활동하며 열정을 쏟아 부었다.

2005년 9월부터 현재까지 강남대학교 사회복지전문대학원 교수로 있으면서 '사람과 세상을 변혁시키며 행복을 창출하는 데 기초가 되는 연구자로서의 삶'을 지향하며 사회복지 전문인력과 연구인력을 양성하는 일에 최선을 다하고 있다. 또한 다양한 실천경험을 바탕으로 한 강의와 저술활동을 통해 보다 많은 이들에게 '크리스천 사회복지인(人)'으로서의 선한 영향력을 전달하고자 노력하고 있다.

주요저서로는 『수화의 이해와 실제』, 『전문 사회복지실천론』, 『사회복지실천기술론』, 『고령화 사회에서의 노인복지 이해와 실천』, 『장애인복지정책과 실천』, 『복지선교와 복지목회』 등이 있으며, 『문제아의 가족치료』, 『장애인과 함께하는 사회복지실천』 등의 번역서가 있다.

'비전은 속도가 아니라 방향'이라고 생각하며 끊임없이 도전하는 사회복지사, 열정이 넘쳐나는 수화통역사, 능력 있는 말씀을 선포하는 목사, 고뇌하며 연구하여 가르치는 교수로 활발히 활동해온 경험을 살려 삶 속에서 '복지선교'와 '복지목회', '복지경영' 사역을 소명으로 실천해나가고 있다.

복지경영 입문

초판 1쇄 인쇄 2015년 8월 24일
초판 1쇄 발행 2015년 8월 31일

지은이_ 이준우
펴낸이_ 황호철

펴낸곳_ 도서출판 파란마음
주소_ 04315 서울시 용산구 백범로90라길 47
전화_ (02) 3275-2110~1 | 팩스_ (02) 3275-2199
홈페이지_ http://paranmaum.co.kr/

등 록_ 2006년 4월 24일 · 제302-2006-00024호

ⓒ 이준우, 2015
* 이 책 내용의 전부 또는 일부를 재사용하려면
반드시 저작권자와 파란마음 양측의 동의를 받아야 합니다.
* 저자와 협의하여 인지는 생략합니다.

ISBN 978-89-97982-32-5 93330
값 15,000원